100 lle i'w gweld cyn Brexit

cyn Brexit

Aled Sam

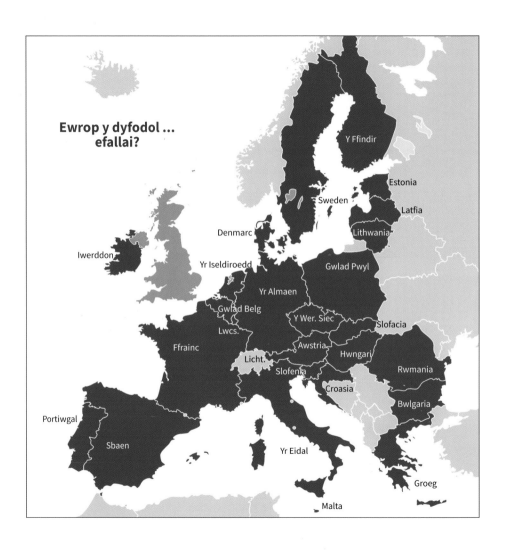

**Ewrop y dyfodol ...
efallai?**

Y Ffindir

Estonia

Latfia

Sweden

Lithwania

Denmarc

Iwerddon

Yr Iseldiroedd

Gwlad Pwyl

Yr Almaen

Gwlad Belg

Y Wer. Siec

Slofacia

Lwcs.

Awstria

Hwngari

Ffrainc

Licht.

Rwmania

Slofenia

Croasia

Bwlgaria

Portiwgal

Sbaen

Yr Eidal

Groeg

Malta

Cynnwys

Mae Prydain ar fin gadael y Gymuned Ewropeaidd, ar ôl bod yn aelod am dros ddeugain mlynedd – ac eto, tydw i ddim yn teimlo 'mod i'n gwybod llawer am rheiny ry'n ni'n eu gadael ar ôl. Oes ots, nawr bo' ni'n gadael? Mewn ffordd, rwy'n teimlo fel aelod o glwb – un sydd wedi talu ei dâl aelodaeth, ond heb fynd ymhellach na'r toilets. Mae cymaint o fy Ewrop i rwy heb ei weld. Felly, dyma gant o lefydd yn Ewrop y bysen i'n hoffi ymweld â nhw cyn eu bod nhw'n bricio'r twnnel i fyny. (Bricsit?) Ydw, rwy'n gwybod y bydd hi'n bosib i Brydeinwyr deithio i Ewrop ar ôl i drafodaethau'r difôrs gael eu cwblhau, pryd bynnag fydd hynny, ond fydd hi ddim cweit mor hawdd. Erbyn hynny, gellir newid teitl y gyfrol hon i *Can Lle i'w Gweld er Gwaetha Brexit*. Ond mewn difrif, yr hyn sydd yma yw 'rhestr fwced' o fath; dwi wedi ymweld â rhai ohonyn nhw, mae ambell un yn argymhellion gan gyfeillion, a llawer mwy yn apelio oherwydd nad wy'n gwybod dim amdanyn nhw. Casgliad personol felly, i'r chwilfrydig, o lefydd a phrofiadau, wedi'u cynnwys am wahanol resymau.

I bob 'lle', mae 'na fanylion teithio. Heb os, y ffordd symlaf (a'r rhataf) i gyrraedd pob un yw drwy hedfan, ac mae'r opsiynau hedfan wedi eu rhestru yn ôl pa mor agos a pha mor gyfleus yw'r meysydd awyr i drwch y darllenwyr. Rwy wedi canolbwyntio ar bedwar prif faes awyr, sef Caerdydd a Bryste ar gyfer trigolion y de, a Lerpwl a Manceinion, sy'n fwyaf cyfleus i deithwyr y gogledd. Os nad yw unrhyw un o'r pedwar rheiny wedi eu nodi, mae hynny gan amlaf yn golygu y bydde'n rhaid i chi fynd o Lundain. **Pediwch â dibynnu ar y manylion teithio yn y llyfr yma pan fyddwch chi'n bwcio.** Mae trefniadau cwmnïau awyrennau yn newid yn ddyddiol, ac o dymor i dymor. Dim ond canllawiau yw'r manylion hyn i brofi ei bod yn bosib gwneud y teithiau, ar ryw adeg o'r flwyddyn, pan sgrifennwyd y llyfr. Rwy hefyd wedi trio cadw at gwmnïau hedfan rhad.

Fe wn i, yn ogystal, fod rhai pobol yn ofni hedfan, neu'n gwirioni ar drenau, felly mae'r opsiwn honno wedi'i chynnwys i'r rhan fwyaf o'r llefydd. Mae hynny, bron yn ddi-eithriad, yn golygu teithio i Baris drwy'r twnnel ar yr Eurostar, a'r teithiau trên hynny yn dechrau yn St Pancras, Llundain gan fwyaf. Rwy'n cymryd yn ganiataol (er gwaetha'r sylw uchod), y bydd y trefniadau teithio drwy'r twnnel yn aros yr un fath wedi Brexit. Eto, peidiwch â dibynnu ar yr

Cyflwynir y gyfrol hon er cof am Dr John Davies
Llun: Iolo Penri

wybodaeth yma, chwaith, i fwcio gwyliau – mae'n bur debyg y bydd y trefniadau wedi newid erbyn i chi deithio. Er gwybodaeth, yr opsiwn trên, yn gyffredinol, yw'r dewis drutaf o bell ffordd.

Rwy wedi cynnwys trydydd opsiwn hefyd, sef gyrru, i'r rheiny ohonom sy'n hoff o antur. Mae'r cyfarwyddiadau gyrru yn dechrau yn Calais gan amlaf, oherwydd mai dyna'r man croesi mwyaf cyfleus i'r rhan fwyaf o'r llefydd sydd yn y llyfr. Byddai croesi i ochr orllewinol Ewrop yn wahanol, wrth reswm.

Alla i ddim meddwl am ddim byd gwell na phenderfynu neidio i'r car, llenwi'r tanc a mynd ... ar hyd heolydd gwell na'n rhai ni yn gyffredinol, ac ar betrol sy tipyn rhatach, os wnewch chi'ch ymchwil cyn cychwyn ... heb bacio *suitcase*, na *make-up*, na siwmper rhag ofn bydd hi'n oer, na siaced rhag ofn yr awn ni i'r theatr. Jyst gafael yn y pasbort a mynd. Ia-hwwww!

A fydd hi mor hawdd gwneud hynny wedi Brexit? Amser a ddengys.

Aled Sam
Llandeilo
Hydref 2017

1. Nyth yr Eryr, Berchtesgaden

Tŷ Haf Hitler oedd Nyth yr Eryr yn ardal Berchtesgaden, cornel ddiarffordd o'r Almaen ar y ffin ag Awstria. Yn ôl y sôn, rhoddwyd y *chalet* yn anrheg i Hitler gan Martin Borman (un o uchel-swyddogion y blaid Natsïaidd) ar achlysur ei ben-blwydd yn hanner cant, ond mae straeon eraill hefyd ynglŷn â sut y daeth y tŷ i feddiant Hitler. Yn syml, dy'n ni ddim yn siŵr beth ydi'r gwir. Roedd y lleoliad yn berffaith i Hitler, a oedd yn uniaethu'n llwyr â'r bywyd awyr agored, alpaidd, rhamantus. Y ddelfryd y dymunai i bob Almaenwr ei rhannu. Serch hynny, dim ond rhyw bymtheg o weithiau y bu yno. Mae'r adeilad yn union fel yr oedd e yn ystod y rhyfel, ar wahân i ambell nodwedd a ddygwyd ar ddiwedd y rhyfel. Mae sawl adeilad wedi diflannu lawr ym mhentre Obersalzberg (ddeng munud o Berchtesgaden) lle roedd pencadlys weinyddol i alluogi Hitler i reoli'r wlad, petai'r gwaetha'n digwydd tra oedd e ar 'i wyliau. Mae 'na dwneli a byncers ac ati ar ôl – digon i fodloni'r rheiny sydd â gwir ddiddordeb ym mhob peth Natsïaidd – ond y Nyth ei hun yw'r em, ynghyd â'r hyn a ddenodd y Natsïaid i'r ardal yn y lle cyntaf, sef yr olygfa oddi yno. Mae'r *chalet* erbyn hyn yn dŷ bwyta, ac er mwyn ei gyrraedd mae'n rhaid dal bws o'r Documentation Centre yn Obersalzberg, neu gallwch gerdded. Ond mae'n dipyn o heic, tua dwy awr o gerdded caled, a hyd yn oed wedyn fyddwch chi ddim wedi cyrraedd y top. Mae'r llwybr, a'r bws, yn mynd â chi i fynedfa twnnel. Mae'n rhaid cerdded i mewn i'r mynydd drwy'r twnnel hwn i gyrraedd y lifft. Y lifft (sy'n wreiddiol o gyfnod Hitler gyda llaw), sy'n gwneud y gwaith caled o hynny 'mlaen. Ar ddiwrnod clir, gallwch weld dros y mynyddoedd i Awstria, a Salzburg – rhywbeth arall a blesiai Hitler yn fawr. Erbyn heddiw mae'r olygfa ar gael i bawb. Mae'r tocyn bws yn cynnwys pris mynediad.

 Maes awyr agosaf: Salzburg yn Awstria (27km o Berchtesgaden). Hedfan o Manceinion gyda Ryanair

1. Nyth yr Eryr

ac Easyjet (newid yn Hamburg). Mae British Airways yn hedfan yn syth o Gatwick, a Ryanair o Stansted i Munich (tua 200km, dwy awr a chwarter mewn car o Berchtesgaden).

Trên: O St Pancras, Llundain cyn 7 y bore, ar yr ICE i Frankfurt. Newid yn Frankfurt am Munich, newid yn Munich am Berchtesgaden.

Gyrru: Calais, Brwsel, Cologne, Frankfurt, Nuremberg, Munich, Berchtesgaden (700 milltir, 11 awr mewn car).

2. Cofeb yr Holocost, Berlin.

Cynlluniwyd y gofeb hon gan Peter Eisenman a Buro Happold, a gosodwyd hi ar ddarn o dir ger y wal a arferai sefyll rhwng gorllewin a dwyrain Berlin. Fel mater o ffaith, lladdwyd amryw o'r rheiny a geisiodd ddianc o'r dwyrain yn yr union fan lle saif y gofeb heddiw. Mae hi ganllath o adeiladau eiconig y Reichstag a Giât Brandenberg.

Yn wahanol iawn i unrhyw gofeb arall, doedd dim penderfyniad ynglŷn â'r cynllun, nag arwyddocâd i'r rhesi syth o flociau concrit, yn ôl y pensaer. Yr hyn sy'n drawiadol am hanes yr Holocost yw'r ffigyrau, ac mewn rhyw ffordd mae maint y gofeb, sef 4.7 erw, a'r 2,711 o flociau concrit sydd yn rhan ohoni, yn adlais o fawredd y weithred. Beth sy'n taro ymwelwyr yn aml yw bod y cyfan mor debyg i fynwent. Er bod hyd a lled pob bloc yr un maint, maen nhw'n amrywio mewn dyfnder, ac felly mae posib i chi ddiflannu o'r golwg yn llwyr mewn mannau wrth gerdded rhwng y rhengoedd, gan fod y tir yn donnog. Rwy'n siŵr ei bod yn bosib cerdded rhwng y cerrig a theimlo dim – yn wir, mae plant yn dringo drostynt ac yn cuddio yn y patrwm rhythmig – ond mae gan y gofeb deitl: 'I'r Iddewon a lofruddiwyd yn Ewrop', ac unwaith ry'ch chi'n gwybod hynny mae'n amhosib ei anghofio. Wrth gerdded o gwmpas gallwch deimlo maint y digwyddiad erchyll yma, gan deimlo, yn aml, ar goll, yn ynysig, yn dryloyw, yn berson di-nod. Dywedodd yr hanesydd John Davies yn ei lyfr *Cymru: y 100 Lle i'w Gweld cyn Marw* y dylai pawb yng Nghymru yn ymweld â mynwent Aberfan. Er nad yw hi yn fynwent, dylai pawb yn Ewrop ymweld â'r gofeb yma hefyd.

Yng nghornel bella'r gofeb mae agoriad

i ganolfan hanes yr Holocost, sydd o dan ddaear, ac yn brofiad llawer mwy cignoeth na'r gofeb ei hun.

Gyda llaw, ers uno'r Almaen, does dim rhaid mynd ar hyd y coridor drwy'r dwyrain i Berlin bellach. Profiad reit *creepy* oedd hynny beth bynnag, gydag ond un lle i stopio i gael bwyd ar y ffordd, ac amser penodedig i gyrraedd y pen arall. Er hynny, roedd *frisson* cynhyrfus o fod mewn rhyw fath o 'dir neb'. Roedd y trên yn fwy *creepy* fyth. Byddai'r drysau yn cael eu cloi cyn croesi'r ffin allan o orllewin yr Almaen, ac er bod y trên yn arafu drwy'r gorsafoedd yn y 'coridor'

fydden nhw byth yn stopio, ac roedd milwyr arfog ar hyd y platform. Dim ond ar ôl cyrraedd seintwar Gorllewin Berlin y byddai'r drysau'n cael eu hagor. Felly mae gyrru i Berlin yn haws, ond falle'n llai cyffrous.

✈ *Maes awyr agosaf: Berlin. Hedfan o'r rhan fwyaf o feysydd awyr Prydain gan gynnwys Bryste a Lerpwl, ond nid Caerdydd.*

🚆 *Trên: O St Pancras, Llundain, i Frwsel ar yr Eurostar; newid ym Mrwsel am Cologne, newid yn Cologne i'r ICE (Inter City Express) i Berlin. Ar hwnnw gallwch archebu cinio tri chwrs a chwrw am £25, ar lestri go iawn gyda chyllyll a ffyrc iawn, mewn coetsh fwyta iawn. Tua deg awr yw'r daith gyflymaf – o adael Llundain am 10.58 y bore byddwch yn Berlin am 21.06.*

🚗 *Gyrru: O Calais, allan o'r dref ar yr A16 a throi i gyfeiriad Dunkirk ar yr E40. Yn Ghent, ymuno â'r E17, mynd i'r de o gwmpas ffordd gylchol Antwerp a'r E34, a throi ar yr E313/E34 i ddwyrain y dref. Parhau ar yr E34 tan iddi groesi'r ffin i mewn i'r Iseldiroedd (pan mae ei rhif hi'n newid i'r A67). Cario 'mlaen heibio*

Eindhoven ac ymlaen at y ffin â'r Almaen, lle mae rhif y ffordd yn newydd eto i 40. Aros ar y 40 hyd at Duisburg, cyn troi am y gogledd ar y 3. O fewn tua 15km mae'n newid i'r 2. Arhoswch ar 2 o gwmpas Hanover, gan ddilyn cyfarwyddiadau i Berlin. Â gwynt teg ar eich ôl, a ffordd glir, fe gymrith naw awr a hanner o Calais.

3. Maes awyr Tempelhof, Berlin

Mae'r enw'n deillio o gysylltiad â marchogion y Templar ganrifoedd ynghynt, ond galwyd y llecyn yn Tempelhofer Feld cyn i unrhyw faes awyr gael ei godi ar y safle. Pan oedd yn gae gwag, gosododd Orville, un o'r brodyr Wright enwog a chynllunydd a pheilot yr awyren gyntaf, y record am uchder hedfan yma ym mis Medi 1909, sef 160 metr. Cam naturiol felly oedd ei droi yn faes awyr.

Dechreuwyd ar y gwaith o'i adeiladu yn 1922, a bu cyfnod o ymestyn pellach arno rhwng 1924 ac 1926. Yn y tridegau, pan oedd y Natsïaid mewn grym, ail-gynlluniwyd y maes awyr yn unol â chynlluniau 'Germania' Hitler. Tempelhof, yn y cyfnod yma, oedd yr unig faes awyr yn y byd oedd â chysylltiad tanddaearol

uniongyrchol â chanol dinas, ac ar ddiwedd y tridegau, a'r datblygiad newydd yn dal heb ei orffen, roedd bron i gant o awyrennau naill ai'n cyrraedd neu esgyn oddi yno bob dydd. Daeth y datblygu i ben yn 1941 cyn iddo gael ei orffen yn llwyr, a hynny oherwydd y rhyfel; ac er bod y canlyniad yn arddangos uchelgais a rhwysg cynlluniau'r Natsïaid, roedd hefyd yn ganllaw pendant i bob maes awyr modern anelu ato. A thensiynau rhwng y gorllewin a'r dwyrain yn parhau yn Berlin wedi'r rhyfel, defnyddiwyd Tempelhof yn brif faes awyr y 'Berlin Airlift'. Roedd dinas Berlin wedi'i hynysu gan y Comiwnyddion, a oedd yn amlwg yn meddwl – ond iddyn nhw wthio ychydig yn galetach – y byddai gwledydd y gorllewin yn ildio'u presenoldeb gan

adael Berlin iddyn nhw. Nid felly y bu. Doedd dim posib bellach cyrraedd Berlin mewn trên na char, felly roedd yn rhaid mewnforio popeth drwy awyren. Wedi tri chan mil o deithiau awyren yn cario tair miliwn tunnell o fwyd a nwyddau mewn ychydig dros flwyddyn, daeth gwarchae'r Rwsiaid i ben.

Dyw Tempelhof ddim yn faes awyr bellach, ond mae'r adeiladau ar agor i'r cyhoedd o hyd er mwyn i bawb gael rhyfeddu at y cynllun chwyldroadol anferth yma. Mae'r tir lle bu'r awyrennau yn glanio yn barc cyhoeddus erbyn hyn.

Manylion teithio: gweler rhif 2.

4. Eglwys Gadeiriol Cologne (y Tri Gŵr Doeth)

Mae eglwys gadeiriol Cologne yn dal hanner dwsin o recordiau: y 'mwyaf' hyn a'r 'talaf' llall, ond yr unig bethau sy'n rhaid i chi eu gwybod mewn gwirionedd yw 'i bod hi'n fawr (iawn), ac yn rhyfeddol.

Dyma i chi un arall o'r eglwysi hynny a gymerodd ganrifoedd i'w chwblhau, a thrigain mlynedd ar ôl iddyn nhw orffen fe'i difrodwyd hi yn ddifrifol gan y Llu Awyr Prydeinig a'r Americaniaid yn ystod y rhyfel. Y rheswm am ei maint yw bod angen eglwys o sylwedd i ddal gweddillion y Tri Gŵr Doeth. Ydyn, maen nhw yma. Mae drama ganoloesol Gymraeg o'r enw *Y Tri Brenin o Gwlen* yn cadarnhau'r traddodiad hwnnw. 'Wy ddim yn meddwl fod 'na gysylltiad daearyddol gyda'r Brenhinoedd, achos os gofia i'n iawn 'o'r Dwyrain y daethant'. A does dim i ddweud mai dim ond tri ohonyn nhw oedd, chwaith. Dim ond tri anrheg oedd, ond mae un efengyl sydd heb ei chynnwys yn y Beibl yn honni fod deg ohonyn nhw, a'u bod nhw wedi dod o'r India. Allen nhw fod wedi tshipo mewn i brynu rhywbeth rhyngddyn nhw, am wn i. Allwch chi ddychmygu drama'r geni â deg gŵr doeth a dim ond tri anrheg? Pandemoniwm! Ond ta waeth, edrych am gartref oedd yr Esgob Rainald o Dassel i'r casgliad yma o esgyrn oedd 'yn ei feddiant'. Dy'n ni ddim yn gwybod sut gafodd e afael ynddyn nhw, achos fe'u dygwyd nhw o Eglwys Sant Eustorgio yn Milan gan Frederick Barbarossa yn y ddeuddegfed ganrif. Roedd creiriau yn hynod o bwysig, wrth gwrs, yn ystod y Canol Oesoedd – nid dim ond oherwydd statws, ond er mwyn denu ymwelwyr a phererinion hefyd, ac roedd yn rhaid cael adeilad a chysegrfan deilwng i'w harddangos, a chewch chi nunlle mwy teilwng. Ta beth, yma yn Cologne maen nhw erbyn hyn, mewn blwch pres ac arian hynod o rwysgfawr wedi'u gorchuddio â gemau a gleiniau (fersiwn llawer mwy teilwng o'r hyn mae rhieni druan yn gorfod eu creu a'u gorchuddio mewn ffoil fel anrheg i'r baban Iesu erbyn hyn). Ddylen i ddim dweud hyn, achos ry'n ni i fod i dderbyn bod fersiwn yr Eglwys o gynnwys y blwch yn efengyl – a phan agorwyd y blwch ar ddiwedd y bedwaredd ganrif ar bymtheg, roedd 'na

hen esgyrn a defnydd ynddo – ond does neb wedi cynnal profion ar y gweddillion i brofi ai esgyrn y 'doethion' ydyn nhw. 'Wy ddim yn siŵr yw hynny'n bosib, hyd yn oed.

Ond am eglwys. Os sefwch chi ar y sgwâr tu allan a rhyfeddu at y ffasâd o bellter, gallwch hefyd ddychmygu dadl ffyrnig rhwng pensaer ac Esgob ynglŷn â maint y tyrau. Achos o rhan cymesuredd mae'r tyrau'n llawer rhy fawr. Nid dim ond y creiriau oedd yn bwysig i'r Esgob, mae dyn yn teimlo. Yr eglwys hon oedd yr adeilad talaf yn y byd am gwpwl o flynyddoedd yn y bedwaredd ganrif ar bymtheg.

Maes awyr agosaf: Cologne. Ryanair neu Germanwings o Fanceinion yn syth i Cologne. Ryanair yn syth o Fryste. Tipyn rhwyddach na thaith y Tri(?) Gŵr Doeth.

Trên: O St Pancras, Llundain am 10.57 i Frwsel. Newid yn Brwsel (South) am yr ICE i Cologne. Mae'r trên yn cyrraedd am 4.15 y prynhawn.

Gyrru: Yr A16/E40 o Calais heibio Dunkirk, aros ar yr E40 (sy'n newid i'r A18 yng Ngwlad Belg) ac ymuno â'r A10/E40 ar gyrion Jabbeke. Parhau ar yr heol yma tan i chi gyrraedd cyrion Brwsel. O gwmpas top Brwsel ar yr E19 – tan i chi gyrraedd y troad am y maes awyr, pan mae e'n dychwelyd i'r E40 eto – dilyn arwyddion i Leuven a Liège. Ymlaen ar yr E40 o dan Aachen, lle mae rhif yr heol yn newid i 44. Ymunwch â'r A4 ymhen tua 10km. Mae'r A4 yn mynd â chi yr holl ffordd i Cologne.

5. Bryn y *Sound of Music*, Mehlweg, Marktschellenberg.

I chi sy'n ysu i ail-fyw eich plentyndod drwy ryddhau eich Maria mewnol a chwyrlïo'ch *dirndl* tra ydych yn canu 'The Hills are alive ...', yn anffodus, allwch chi ddim cyrraedd yr union ddôl lle ffilmiwyd y gwreiddiol gan 'i bod hi ar dir preifat ... ond fe allwch chi ddod yn agos. Wedi dweud hynny, mae'n bosib ymweld â gweddill lleoliadau'r ffilm bron i gyd, ac mae 'na nifer fawr o gwmnïau teithiau swyddogol yn cynnig trefnu'r cyfan ar eich rhan. I'ch helpu chi ar eich ffordd, mae amryw o'r teithiau yn cynnwys dangosiad o'r ffilm tra ydych chi ar y bws; eraill yn chwarae'r gerddoriaeth yn ystod y siwrne fel ei bod yn bosib i chi gyd-ganu gyda gweddill y darpar Von Trapps ... O!

Mae'r hwyl yn ddi-ddiwedd! Mae'r rhestr ganlynol yn gyffredin i'r rhan fwyaf o'r teithiau, ond mae rhai teithiau yn cynnig mwy, ac o'r herwydd yn ddrutach. Duw a'n gwaredo! **Gerddi Mirabell** lle ffilmiwyd 'Do, re, mi'; **Palas Leopoldskron** – defnyddiwyd rhan ohono fel cartre'r Von Trapps, ac fe gwympodd y plant i'r llyn, y pethe bach (mae posib aros yno, gyda llaw); **Cwfaint Nonnberg** (sy'n dal yn gwfaint heddiw) lle roedd Maria yn gyw-leian neu'n 'nofis', a lle priododd y Barwn a'r Maria go iawn; a'r **Eglwys Gadeiriol yn Mondsee** lle priododd y ddau yn y ffilm. Mwynhewch! Nodyn: Mehlweg yn yr Almaen yw lleoliad y 'ddôl', ond mae'r teithiau gan fwyaf yn codi teithwyr o Salzburg dros y ffin yn Awstria.

Maes awyr agosaf: Salzburg. Hedfan o Manceinion gyda Ryanair ac Easyjet (newid yn Hamburg). British Airways o Gatwick yn syth heb newid, Ryanair yn syth o Stansted. Mae Mehlweg 20km o Salzburg ar yr A150.

Trên: O St Pancras, Llundain; gadael cyn 7 y bore ar yr ICE i Frankfurt. Newid yn Frankfurt am Salzburg, cyrraedd Salzburg wyth o'r gloch y nos.

Gyrru: Calais, Brwsel, Cologne, Franfurt, Nuremberg, i Munich ymlaen ar yr A8/E52 i gyfeiriad Salzburg. 10km cyn cyrraedd Salzburg, troi i'r dde yn Gronig ar yr A150. 702 o filltiroedd. Tua 11 awr o Calais. (Mae 'na ffordd arall drwy Ffrainc – er bod yr heol drwy'r Almaen yn hirach, mae'n well heol.)

6. Castell Brenin Ludwig II, Neuschwanstein, Bafaria

Castell Brenin Ludwig II o Bafaria yw hwn, a'r peth tebyca welwch chi i gastell Disney mewn carreg a mortar go iawn. Er gwaetha ei steil, dyw e ddim ond yn rhyw gant a hanner mlwydd oed.

Galwyd Ludwig II yn Ludwig Wallgo. Doedd e ddim, ond mi *oedd* e'n boncyrs.

Yn fachgen sensitif, breuddwydiol, doedd e byth yn mynd i fod yn ddeunydd brenin fel ei dad. Yn wir, doedd 'run reddf i wasanaethu yn ei gyfansoddiad. Yn hoff o wisgo lan, barddoniaeth a cherddoriaeth, dianc rhag ei ddyletswyddau oedd ei reddf gan fwyaf. Ar ôl dweud hynny, oni bai am ei gariad at gerddoriaeth a'i nawdd di-flino i'r cyfansoddwr Richard Wagner, prin fydde'r operâu enwog rheiny o'i waith wedi cael eu cyhoeddi – ac yn sicr, fydde 'na ddim Gŵyl yn Bayreuth.

Mae'n deg dweud nad oedd yn rhannu daliadau hiliol Wagner. Wedi i'w ewythr (brawd ei fam) goncro Bafaria yn 1866, cafodd Ludwig aros ar yr orsedd yn frenin mewn enw yn unig, ac ymbellhaodd fwyfwy o fywyd cyhoeddus i'w gartrefi preifat, Castell Neuschwanstein yn un ohonynt, ac i fyd ei ddychymyg ei hun. Dechreuodd yr honiadau o wallgofrwydd pan aeth ei wario yn rhemp, a phan gafodd ei rybuddio fod angen iddo sadio, gwrthododd wrando. Y farn gyffredinol oedd nad oedd yn deall yr hyn oedd yn ofynnol ohono, a'i fod felly yn wallgo. Fe'i disodlwyd, a'i gaethiwo. Dim ond diwrnod gafodd e i lwyr werthfawrogi maint ei wallgofrwydd – bu farw drannoeth. Felly hefyd, yn rhyfedd ddigon, y doctor a roddodd y diagnosis iddo.

Chafodd neb fynd yn agos i'r castell tra oedd Ludwig yn fyw, ond yn ystod yr Ail Ryfel Byd, storiwyd celf a ddygwyd gan yr Almaenwyr yno. Erbyn hyn mae miliwn a hanner o bobol yn ymweld bob blwyddyn. Dyw addurn a steil y castell ddim yn annhebyg i Gastell Caerdydd a Chastell Coch – llai o anifeiliaid ac adar, falle, a mwy o fytholeg a rhamant bywyd uchelwyr yr Oesoedd Canol – ond ys dywed Phil a Kirstie: Location, Location, Location. Yn wallgof? Na. Boncyrs? Bendant. Mae'r castell ar y ffin ag Awstria.

Maes Awyr agosaf: Munich. O Gaerdydd yn syth, ac yn rhad, heb newid ar Flybe. O Manceinion ar Lufthansa (ond yn ddrud) Easyjet o Stansted, Luton neu Gatwick llawer yn rhatach.

Trên: o'r maes awyr i Munchen Passing, newid yno am Fussen. Bws o Fussen Banhof i Hohenschwangau (sy'n ddigon agos fel y gallwch chi gerdded i'r castell). Taith o 4 awr a hanner am tua £30.

Llai na dwy awr mewn car o'r maes awyr.

7. Parc Europa, Rust

Parc Europa yw'r parc hamdden mwyaf yn yr Almaen, ac un o'r rhai mwyaf yn Ewrop. Mae e ger tref Rust heb fod yn bell o Freiburg, bron ar y ffin â Ffrainc, a llai na hanner awr o'r ffin â Swistir. Mae e'n anferth, ac mae 'na ormod i'w wneud, i bob oedran, mewn diwrnod. (Gallwch aros yno a threulio mwy na diwrnod yno! Duw a'n gwaredo.) Ond mae pleser o fod mewn lle sy ddim yn llawn cymeriadau cartŵn, neu atyniadau sy'n ymwneud â chymeriadau neu ffilmiau cartŵn. Pan aethon ni, roedd y plant yn ddeg ac yn ddwy ar bymtheg ac fe ddaeth y ddau adre wedi'u boddhau yn llwyr (er i'r fenga gael ei ddenu ar ryw reid erchyll nes fod 'i nerfau'n shitrwns). Oes, mae 'na ddigon o reids i ratlo'ch *fillings*, ond diolch i'r Iôr, roedd yno ddigonedd o bethau eraill llai mentrus ac addysgiadol ddifyr i blant iau, hefyd. Triwch gael y plant i fynd yno ar ben eu hunain, a'u casglu nhw ar ddiwedd y dydd. Fydd e dipyn rhatach i chi, a chewch chi rieni sglaffio selsigau amrywiol ar sgwâr yr eglwys yn Freiburg, hanner awr lawr yr heol ... neu gallwch fentro i'r Goedwig Ddu, sydd rownd y gornel.

Maes awyr agosaf: Basel yn y Swistir (tua awr mewn car o Barc Europa). Hedfan o Fryste, Luton a Gatwick gydag Easyjet.

Trên: St Pancras, Llundain, i Lille, newid yn Lille am Strasbourg, newid yn Strasbourg am Offenburg, newid yn Offenburg am Freiburg (Breisgau); 8 awr o Lundain.

Car: O Calais ar yr A26 i gyfeiriad Arras, wedyn yr A2 i Reims, yr A4 i Strasbourg, A35 i Illkirch, yr N83, cyn troi ar yr N353 i gyfeiriad Offenburg. Ymunwch â'r A5 i gyfeiriad Basel. Gadael yr A5 ar Exit 57b i Rust. Mae'r heol honno, y K5349 yn mynd â chi'n syth yno.

8. Amgueddfa Weissenhoff Corbusier, Stuttgart

Mae amgueddfa Weissenhoff mewn adeilad a gynlluniwyd gan y pensaer Le Corbusier: yn 1927, fel rhan o arddangosfa gynllunio a phensaernïaeth, gofynnwyd i 17 o benseiri mwyaf blaengar y cyfnod (a Ludwig Mies van der Rohe, Hans Scharoun, Walter Gropius, a La Corbusier yn eu plith) i gynllunio stad o dai modern, ac mae llawer o'r tai o'r prosiect hwnnw i'w gweld hyd heddiw. Er bod y mwyafrif o'r tai hynny bellach mewn dwylo preifat ac, o ganlyniad, ddim ar agor i'r cyhoedd, prynwyd dau o'r cartrefi gan ddinas Stuttgart yn 2002 yn gartref i'r amgueddfa, sef y tai a gynlluniwyd gan Le Corbusier. Yn un ohonynt mae patrwm mewnol y tŷ wedi ei newid yn ôl y gofyn dros y blynyddoedd, ond mae'r tŷ drws nesa wedi'i ddychwelyd i'r cynllun gwreiddiol, a'i lenwi â chelfi o'r cyfnod.

Tra byddwch chi yn Stuttgart, mae dau adeilad arall y dylech chi drio ymweld â nhw, sef yr oriel gelf fodern **Kunstmuseum Stuttgart**, sy'n flwch gwydr sgleiniog reit yng nghanol y dre, a champwaith y pensaer Prydeinig Sir James Stirling, y **Staatsgalerie Stuttgart**, sy'n fwy traddodiadol, o safbwynt ei gynnwys os nad ei gynllun. Os oes gyda chi funud arall i'w sbario, triwch ymweld â'r **Schweinemuseum**, sy'n ddathliad o bopeth porclyd. Lluniau di-ri, *piggy-banks*, teganau, pob agwedd o fyd a bywyd mochyn. Fe allwch chi hyd yn oed fwyta un, yn y bwyty gyferbyn.

Maes awyr agosaf: Stuttgart. Hedfan yn syth o Fanceinion gyda Ryanair.

Birmingham yn syth gyda Flybe. Caerdydd: newid yn Berlin gyda Flybe, a Eurowings ymlaen i Stuttgart.

Trên: O St Pancras ar drên 09.24 i Paris Gare du Nord, newid gorsaf ym Mharis i Gare de l'Est, trên yn syth i Stuttgart, cyrraedd am 17.04 y pnawn.

Gyrru: O Calais ar yr A26 i Arras, yr A2 i Reims, ar A4 i Metz a chario mlaen ar yr A4 i gyfeiriad Strasbourg. Cyn cyrraedd, troi am y gogledd ar yr A35. Troi i'r dde dros y Rhine i ymuno â'r 5 i gyfeiriad Karlsruhe, ond troi gyda'r 8 ger Ettlingen i gyfeiriad Pforzheim, Stuttgart ac Ulm.

9. Eglwys gadeiriol Trier

Eglwys gadeiriol Trier yw'r eglwys gadeiriol hynaf yn Ewrop, yn ôl y sôn. Fe'i codwyd ar safle un o balasau'r Santes Helen gan ei mab, Cystennin. Gweithred o ddiolch, a dathliad o ugain mlynedd o'i ymerodraeth, oedd y symbyliad i godi'r eglwys, ac mae'r cysylltiad â Helen yn un pwysig gan mai hi, ar ei theithiau i Balesteina, a ddarganfu'r gwir groes. Daeth o hyd i dair, mewn gwirionedd, ond cafodd 'arwydd' gan ferch ifanc i ddynodi pa un oedd croes Iesu Grist (arwydd ysbrydol, hynny yw, nid pwynto bys a dweud 'hwnna yw e!). Dyna pam mae pob llun ohoni yn ei dangos yn dal croes. Dy'n ni ddim yn gwybod ai hi falodd y groes yn ddarnau a danfon sblinters ohoni o gwmpas y byd fel creiriau sanctaidd, ond yn sicr erbyn heddiw, petai dyn yn ceisio ei hail-greu o'r holl ddarnau honedig, fe fydde gyda ni fforest o 'wir' groesau. Mae tystiolaeth i brofi (yn fuan ar ôl teithiau Helen) fod darn swmpus o groes Iesu yn cael ei gadw yn eglwys y Sepulchre Sanctaidd yn Jeriwsalem, ac yn cael ei warchod gan *bouncers* yr eglwys. Mae'n debyg bod rhai o Gristnogion cyfeiliornus y cyfnod wedi bod yn cnoi darnau i ffwrdd o'r groes.

Roedd Helen hefyd yn gyfrifol am ddarganfod amryw o greiriau eraill sy'n gysylltiedig â'r Iesu. Yr un enwocaf, sydd ym meddiant Eglwys Trier, yw clogyn undarn yr Iesu, a welwyd yn gyhoeddus ddiwetha yn 2012. Gan ei fod e wedi ei olchi mewn hylif rwber yn y

bedwaredd ganrif ar bymtheg, dyw profi gwyddonol ddim yn bosib. Dylwn ychwanegu fod amryw o'r rhain i'w gweld o gwmpas y byd. Fe adawodd Helen ei phenglog i'r eglwys, chwarae teg iddi (dim ond un o'r rheiny sydd), sy'n cael ei arddangos mewn blwch ar y wal. Mae 'na rai wedi ceisio cysylltu Helen â Santes Elen, merch Eudaf Hen a gwraig Macsen Wledig, ond rwy'n credu mai rwtsh manteisgar yw hynny.

Maes awyr agosaf: Lwcsembwrg. Ryanair yn syth o Stansted. Easyjet yn syth o Gatwick. Airfrance a BA yn syth o Heathrow. Air Lux o London City (ond yn ddrud). Fe ellir hedfan o Fanceinion i Lwcsembwrg, ond mae'n rhaid newid yn Heathrow.

Trên: O St Pancras, Llundain, am 06.12 y bore a chyrraedd Liège, Gwlad Belg, am 11.01. Flixbus o orsaf fysiau ganolog Bratislava am 11.30 a chyrraedd Trier am 2.00 y prynhawn.

 Gyrru: Mae ychydig yn hirach, ond mae'r ffordd drwy Wlad Belg yn haws i'w dilyn. Gadael Calais ar yr A16 hyd at yr E40. Heibio Dunkirk, Ghent, Bruges, Brwsel, rownd Liège. Ymuno â'r E42 yn Herve a'i dilyn i lawr dros y ffin i mewn i'r Almaen, pan mae hi'n troi yn heol rhif 60. Troi oddi ar y 60 i'r 51, a dilyn arwyddion i Bitburg a Trier hyd nes cyrraedd pen y daith.

10. Opera yn Bregenz

Mae'r tymor opera yn Bregenz, sef y **Bregenzer Festspiele**, yn para mis fel arfer, o ganol Gorffennaf i ganol Awst. Bydd yn rhaid i chi holi am yr union fanylion yn nes at y dyddiad. Maen nhw'n perfformio amrywiaeth o gynyrchiadau – fel arfer, tair neu bedair opera a sawl perfformiad cerddorfaol.

Mae Bregenz yn rhan mwyaf gorllewinol Awstria, ar lan llyn Constance, lle mae'r Almaen, Awstria a'r Swistir i gyd yn cwrdd, ac mae'r prif lwyfan, y Seebühne, lle perfformir y prif operâu, ar y llyn ei hun, a'r eisteddle ar y lan. Mae'n bosib eich bod chi wedi gweld clip o'r achlysur yn ystod un o ffilmiau diweddar James Bond, a'r opera *Tosca* yn gefnlen. Mae bron i saith mil o seddau i gyd – a gair o rybudd: mae perfformiadau'r prif lwyfan yn yr awyr agored. Mae'r rhaglen wastad yn cynnwys rhai o'r clasuron, ond hefyd gwaith ychydig yn fwy arbrofol, ond mae'r setiau bob tro yn chwyldroadol. Yn ystod gŵyl 2017 perfformiwyd rhywbeth a elwir yn *The Ring in Ninety Minutes*, sef talfyriad

hegar o opera enwog Wagner, *The Ring Cycle*, sy'n para tua tair wythnos fel arfer (neu felly mae'n teimlo). Os mai ond hyn-a-hyn o Rheinmaidens a Valkyrie allwch chi ddiodde (sori, Syr Bryn), mae'r *Ring: Greatest Hits* yn gwneud synnwyr perffaith. Mae'r manylion i gyd ar y wefan, bregenzerfestspiele.com/en. Os y'ch chi am godi tocyn ar gyfer y prif berfformiadau mae'n rhaid archebu'n syth, gan fod tocynnau'n gwerthu'n gyflym. Gwyliwch am y *Bregenzer Junkies*.

Maes awyr agosaf: Zurich. Gellir hedfan o Gaerdydd ar Flybe a SWISS, ond mae'n rhaid newid yn Nulyn. Dyna'r opsiwn rhataf o Fryste hefyd. Mae'r ddwy daith yn hir. Mae'r daith o Fanceinion gydag Eurowings yn rhatach ond yr un mor hir oherwydd y newid yn Dusseldorf. Os ydych am deithio'n syth i Zurich heb newid, mae'n rhaid i chi fynd o Birmingham neu Heathrow gyda SWISS neu Easyjet o Luton a Gatwick. Mae BA hefyd yn hedfan i Zurich yn syth o Heathrow. Gallwch chi a dau ffrind gael tacsi swanc am 180 Ewro o faes awyr Zurich i Bregenz, neu gallwch ddal

10. Un o setiau opera Bregenz

trên o'r maes awyr i orsaf fysiau Zurich, a Flixbus o Zurich i ganol Bregenz am lai na deg Ewro. Mae'n dibynnu faint o argraff ry'ch chi am ei wneud.

🚆 *Trên: O St Pancras, Llundain. Os gadewch chi am saith y bore fe gyrhaeddwch chi Bregenz yr un diwrnod. O St Pancras i Gare du Nord, newid yn Gare du Nord am Gare de l'Est. Taith gerdded fer. Cymryd yr ICE i Stuttgart Central. Newid i'r IRE i Lindau. Newid yn Lindau i'r REX am y Bludenz Bahnhof. Gadael y trên yn Bregenz.*

🚗 *Gyrru: O Calais ar yr A26 i Reims, ar A4 i Metz a chario mlaen ar yr A4 i gyfeiriad Strasbourg. Cyn cyrraedd, troi am y gogledd ar yr A35. Troi i'r dde dros y Rhine i ymuno â'r A5 i gyfeiriad Karlsruhe, ond troi gyda'r A8 i gyfeiriad Ulm. Mae'r heol yn ymuno â'r A7 mor bell â Buxheim lle mae'n ymuno â'r 96 sy'n mynd â chi yr holl ffordd i Bregenz.*

11. Keltenmuseum Hallein

Os ydych am weld o ble daeth ein cyndeidiau, Hallein yw'r lle i fynd. Mae'r enw'n deillio o'r chwareli halen sydd yn yr ardal, yn ôl y sôn. (Mae'n anodd credu nawr, ond roedd cyfnod pan oedd halen yn eithriadol o ddrud.)

Yn y Keltenmuseum yn Hallein cawn hanes Celtiaid yr ardal. Dyma un o'r amgueddfeydd mwyaf sydd wedi ei neilltuo i hanes y Celtiaid yn Ewrop gyfan, ac mae digonedd o dystiolaeth o'u presenoldeb yn y bryniau cyfagos. Ymhlith y creiriau i'w gweld mae helmedau, torchau aur a tharianau, a chyfle i ddysgu mwy am yr hyn a'u denodd i'r ardal brysur yma yn y lle cyntaf.

Mae'r adeilad ar lan afon Salzach yng nghanol tre Hallein. Tra byddwch chi yno, mae amgueddfa arall yn y dref sy'n gysylltiedig â'r garol enwog 'Stille Nacht' ('Dawel Nos' yn Gymraeg), gan mai o Hallein roedd awdur a chyfansoddwr y garol, Franz Xaver Gruber, yn dod. (Amgueddfa 'ddifyr am ddeng munud' falle.)

✈ *Maes awyr agosaf: Salzburg. Gweler manylion hedfan rhif 12, ac yna naill ai car lawr yr A10 i Hallein, sy'n daith o ugain munud, neu fws i ganol Salzburg ac ymlaen i Hallein – awr a chwarter.*

12. Das Park Hotel, Ottensheim

Pan fyddwch chi yn Awstria ac yn edrych am le gwahanol i aros, ystyriwch hwn. Ar lan y Danube yn Ottensheim, mae 'na westy gwahanol iawn. Gwesty tra anghonfensiynol. Oes, mae yno ystafelloedd cysgu, ond maen nhw mewn pibau concrit. Y math o bibau sy'n cario carthion fel arfer. Dyw'r rhain erioed wedi cael eu defnyddio ar gyfer y pwrpas hwnnw, fe fyddwch chi'n falch o glywed. Does dim derbynfa, bar, bwyty na staff i gario'ch bagiau. Mae côd i bob drws, ac fe gewch chi'r côd hwnnw ar ôl i chi fwcio a thalu. Does ond yn rhaid i chi wedyn roi'r côd i mewn i glo eich 'piben' am y noson, a *Bob ist dein onkl*, fel maen nhw'n dweud yn Awstria. Prin yw'r cynllun mewnol, ond mae murlun ar ben caëdig eich 'ystafell'; mae gwely a sach gysgu ddwbwl, golau, a thrydan. Mae beth bynnag arall ry'ch chi am ei storio yn mynd o dan y gwely. Mae toiled a chawod bum munud i ffwrdd. Does dim strwythur prisio – yn ôl y wefan, cewch dalu cyfraniad o'ch dewis ar ôl cyrraedd, ond chewch chi ddim aros mwy na thair noson. Mae brecwast yn gynwysiedig yn y pris. Ar agor o fis Mai tan fis Hydref. Mae mwy o fanylion ar www.gounusual.com

Maes Awyr agosaf: Salzburg. Hedfan o Fanceinion gyda Ryanair ac Easyjet (newid yn Hamburg). Britsh Airways o Gatwick yn syth heb newid, Ryanair yn syth o Stansted. Maes awyr Salzburg i Ottensheim: tua 90 milltir. Tua awr a thri chwarter mewn car, neu dwy awr a hanner ar y trên o'r maes awyr – o'r maes awyr i'r Salzburg Hbf, newid am Linz/Donau Hbf, Cerdded i'r Linz/Donau Hbf (busterminal): dau gan llath. Bws i Ottensheim.

13. Cartre'r Gymuned Ewropeaidd, Brwsel

Man-a-man i chi ei weld e tra'i fod e'n dal yn berthnasol i ni. Yn yr Hemicycle (hanner cylch), y senedd-dy Ewropeaidd ym Mrwsel, mae'r rhan fwyaf o drafodaethau pwysig y Gymuned yn digwydd, ac mae lle yno i bob un o'r 751 o aelodau. Mae posib ymweld â'r Hemicycle ar unrhyw adeg – ond peidiwch ag oedi. Gallwch fwcio tocyn am ddim ar gyfer taith o gwmpas yr adeilad, mewn grwp neu fel unigolyn. Does dim rhaid bwcio o flaen llaw, allwch chi droi lan ar y dydd (a derbyn bod eich pasbort 'Ewropeaidd' gyda chi, wrth gwrs). Dyw e ddim ar agor ar wyliau cyhoeddus nag ar benwythnosau, ac er nad yw Cymraeg yn un o ieithoedd swyddogol y Gymuned Ewropeaidd, mae posib ei defnyddio yn y siambr gyda threfniant ymlaen llaw. Ond wn i ddim fydde 'na dywysydd Cymraeg ar gael i'ch arwain chi o gwmpas, chwaith.

Mae pob taith yn cymryd rhyw awr a hanner, ac yn ystod yr amser hwnnw fe gewch ofyn i'r tywysydd beth yn union yw gwaith y Gymuned. Gystal i chi wybod beth ry'ch chi wedi pleidleisio yn ei erbyn. Ac yn dibynnu ar drefn y dydd, mae'n bosib y bydd cyfle i wylio un o'r cyfarfodydd yn yr Hemicycle o'r oriel gyhoeddus. Cymerwch bip ar faner Prydain yn cyhwfan tu allan, ochr yn ochr â holl faneri eraill y Gymuned, cyn i rywun roi matsien iddi.

Er mwyn gwneud y mwyaf o'ch taith, gwnewch yn siŵr eich bod yn blasu digon o gwrw gwych gwlad Belg, cyn 'i fod e'n mynd yn rhy ddrud i ni allu ei fforddio, a gwnewch eich ffordd i'r **Friterie Tabora** i flasu'r ugeiniau o fathau gwahanol o *mayonnaise* sy'n cael ei fwyta gyda sglodion yn y wlad yma. Mae yna rai pethau fyddwn ni ddim yn eu colli.

Gallwch fynd yn syth yno o'r maes awyr gan ddal bws rhif 12 neu 21.

Maes awyr agosaf: Brwsel. Mae'n amlwg nad oedden ni yng Nghymru yn ystyried ein hunain yn rhan o'r Gymuned Ewropeaidd – does dim ehediad o Gaerdydd yn syth i Frwsel! Gallwch hedfan gyda KLM a newid yn Amsterdam,

13. Cartre'r Gymuned Ewropeaidd

neu gallwch gerdded yno yn gynt. Mae Air Brussels (yn ddigon rhyfedd) yn hedfan yno yn syth o Fryste, a nhw hefyd sy'n hedfan o Birmingham ac o Fanceinion. Mae Ryanair hefyd yn hedfan yn syth o Fanceinion yn rhatach, ond i faes awyr Brussels Charleroi sy'n bellach o'r ddinas, ac yn fwy o daith y pen arall.

 Trên: Does dim yn haws. O St Pancras, Llundain, i Dde Brwsel. Newid i Frwsel Ganolog. Taith o ddwy awr a chwarter.

Gyrru: Pam fyddech chi eisiau gyrru? Dyw e ddim yn ddigon o antur.

14. Amgueddfa Garthffosiaeth Brwsel (sewermuseum.brussels/en)

Fel mae'r wefan yn dweud, 'Unlike other museums, this one is active'. Ydi, mewn mwy nag un ystyr. Os y'ch chi'n un o'r bobol hynny sy'n awyddus i wybod am fywyd tu hwnt i'r fflysh, does dim rhaid i chi fynd gam ymhellach. Fe fu system eitha cynhwysfawr o dan ddinas Brwsel ers yr ail ganrif ar bymtheg, ond ar ol sawl canrif o gynnydd yn y boblogaeth, roedd y system honno'n gwbl annigonol, a chyrff anifeiliaid a thrugareddau anghynnes eraill erbyn hynny i'w gweld yn llif afon Senne, sy'n llifo drwy'r dre. Oni bai am Jules Anspach, maer y dre, a'i ymgais i ddatrys y broblem yn llwyr yn ail hanner y bedwaredd ganrif ar bymtheg, bydde bywyd ym Mrwsel wedi bod yn gwbwl annioddefol. Mae cryn dipyn o ddatblygu wedi bod ar y sylfaen gadarn honno, ac erbyn hyn mae 350km o dwneli carthffosiaeth o dan y ddinas. Dyma gyfle euraid i ddilyn eich 'cynnyrch' i'w derfyn. Os oes gyda chi blant oddeutu pum mlwydd oed sy'n cael y pleser rhyfedda o ddweud y gair 'pwww!', dychmygwch y chwerthin di-ben-draw sy'n mynd i esgor o ymweliad o'r fath. Drwy lwc, mae mwy i'r amgueddfa na hynny. Gallwch gerdded drwy rai o'r twneli (sy'n cael eu golchi'n gyson, byddwch yn falch o glywed), a does dim rhaid i chi wisgo unrhyw ddillad arbennig i wneud hynny. Er y bydde peg yn handi, mae'n siŵr.

Manylion teithio: gweler rhif 13. Tram 51 a 82 yn mynd i Porte d'Anderlecht, a Bws 46. Ar gau ar ddyddiau Sul a Llun; ar agor yn ddyddiol o 10 tan 5 ar y dyddiau eraill.

15. Amgueddfa Eroteg a Mytholeg Brwsel

Mae Brwsel yn gartref i sawl amgueddfa breifat, ac fel arfer maen nhw'n gwneud yr hyn maen nhw'n ddweud ar y tun, fel petai. Sdim angen help arnoch chi fan hyn chwaith. O ystyried hynny, fydd y cynnwys ddim yn sioc. Y syndod penna, falle, yw bod celf erotig wedi bod gyda ni ers milenia, ac yn yr amgueddfa hon mae mwy na digon o enghreifftiau ohono o bob cyfnod hanesyddol, o ffigyrau seramig bronnog i lestri masweddus y Groegwyr a phrintiadau cain, a bloc pren Siapaneaidd o barau yn cyflawni'r weithred eithaf. Mae'r cyfan oll, a mwy, yma. Ac er nad yw celf o'r fath wedi bod yn ffasiynol gyda'r rhan fwyaf o'r cyhoedd, mae wastad wedi bod yn boblogaidd iawn gyda phrynwyr, er bod y farchnad yn aml yn un gudd.

Sylfaen y amgueddfa yma yw casgliad personol un dyn, sef Dr Guy Martens. Os nad ydych chi'n gyfarwydd â chelf o'r fath, ewch i'r sw rownd y gornel. Ond byddwn yn argymell i unrhyw un fynd – gyda meddwl agored, o gofio bod y casgliad hefyd yn gofnod o foesau'r oes dros y canrifoedd, ac oni bai i'n cyndeidiau gyflawni rhai o'r gweithredoedd a welir yn y casgliad, fydde 'run ohonon ni yma heddiw. Bydd hynny'n siŵr o'ch sobri.

Oriau agor: 2–8 dydd Llun, dydd Iau a dydd Gwener; 11–5.30 ar y Sadwrn a'r Sul. Dyw e ddim ar agor ar ddyddiau Mawrth a Mercher.

Manylion teithio: gweler rhif 13.

16. Amgueddfa dillad Isaf (y Musée du Slip), Brwsel

Jan Bucquoy, artist anarchaidd o Wlad Belg, sydd tu ôl i'r prosiect yma, ac mae e'n enwog (yn ei wlad ei hun) am ei ymdrechion i chwalu confensiwn. Mae'r amgueddfa yn cynnwys enghreifftiau o bants enwogion Gwlad Belg ... prin yw'r rheiny ar lwyfan rhyngwladol, a falle mai'r enwocaf ohonynt fyddai'r canwr pop Plastic Bertrand, a'i un trawiad anghofiadwy '*Ca plan pour moi*'. Peidiwch â phoeni os nad y'ch chi'n siarad Ffrangeg (iaith y gân) – dyw hi ddim yn gwneud dim synnwyr yn unrhyw iaith. Rwy'n credu mai dyna oedd y syniad, felly mae'n ffitio'n berffaith rhwng waliau'r arddangosfa hon. Un arall sydd wedi cyfrannu ati yw Didier Reynders, Gweinidog Cyllid Gwlad Belg – nid bod hwnnw ar ben rhestr cardiau Dolig y rhan fwyaf ohonon ni chwaith. Na, y rheswm pam y dylech chi ymweld â'r amgueddfa hon (nid er mwyn rhyfeddu at chwaeth, neu ddiffyg chwaeth, dillad isaf y Belgiad cyffredin, na cheisio adnabod eu perchnogion, achos fyddwch chi ddim) yw oherwydd bod rhywun wedi mynd i'r drafferth i sefydlu amgueddfa o'r fath. Ewch a phants sbâr gyda chi. Rwy'n siŵr y bydden nhw'n gwerthfawrogi pob cyfraniad.

Manylion teithio: gweler rhif 13.

17. Cofeb i filwyr Cymru yn y Rhyfel Byd Cyntaf, Ypres

Mae'r gofeb rhwng trefi Pilkem a Langemark nid nepell o Ypres. Â'n cyfraniad i Ewrop, y Gymuned, yn dod i ben, bydd y rhan hon o Ewrop, o leia, yn fythol Gymreig. Dros y blynyddoedd, ry'n ni wedi gweld gwasanaethau coffa lu i frwydrau gwahanol y Rhyfel Byd Cyntaf, ac yn raddol mae'r pwyslais wedi symud o fod yn filwrol ei naws i fod yn fwy cysurlon ac ystyriol. Er ein bod ni'n gadael, dylai'r cysylltiad yma barhau. Mae hi'n gofeb i gofio nid yn unig aberth dyn dros eraill, ond ffwlbri a gwallgofrwydd rhyfel hefyd, sy'n wers oesol i'w phasio o un genhedlaeth i'r nesaf. Weles i ddim rhyfel yn Ewrop yn fy amser i, a falle fod hynny'n dyst i effeithiolrwydd y neges. Rwy'n credu y dylai pawb sy'n medru gwneud hynny, ymdrechu i ymweld â'r gofeb yma – nid yn unig i gofio'r Cymry ond pawb o'r ddwy ochr sydd wedi'u claddu ar dir estron.

17

✈ *Maes awyr agosaf: Brwsel. Gweler fanylion rhif 13. Mae Ypres tua awr o Frwsel.*

🚆 *Trên: O St Pancras, Llundain, i Dde Brwsel. Newid am Ghent. Yn Ghent, dal y trên i Ieper (Ypres).*

🚗 *Gyrru: O Calais ar yr A16, ac yna yr A25 i'r D948 yn Steenvoorde dros y ffin D948/N38 o gwmpas Poperinge, ac ymlaen i Ypres. Os yrrwch chi i'r gogledd o Ypres i gyfeiriad Pilkem, a throi i'r dde yn Pilkem i gyfeiriad Langemark, bydd y fynwent tua 1km ar ôl y troad.*

18. Veurne

Yr unig ddarn o Wlad Belg na chafodd ei feddiannu gan yr Almaenwyr yn ystod y Rhyfel Byd Cyntaf oedd ardal o'r enw Vrij Vaderland ('*the Free Fatherland*') yn agos i'r ffin â Ffrainc. Llwyddodd y brenin Albert I i atal yr Almaenwyr rhag cipio'r ardal, a bu tref Veurne yn lloches i ffoaduriaid o bob cwr o Ewrop, yn gymdeithas aml-ddiwylliant yn ogystal â bod yn gartref i drigolion gwreiddiol y dref a lwyddodd i fyw yn eu tai eu hunain drwy gydol y rhyfel. Roedd yma fragdai, ysbytai, ysgolion, tai golchi, ceginau agored, siopau, puteiniaid, doctoriaid a

nyrsys (Marie Curie a'i merch yn eu plith), a bron i ddau gan mil o filwyr.

Yn Veurne heddiw mae amgueddfa sy'n dangos sut brofiad oedd byw tu ôl i'r *Front Line* yn ystod y Rhyfel. Mae'n stori ryfeddol, ac un sy'n sicr ddim yn hysbys i bawb. Mae'r hanes i'w gael yn ei gyfanrwydd yn sgwâr y dref, **Grote Markt**, ac mae e ar agor drwy'r flwyddyn.

✈ *Maes awyr agosaf: Brwsel. Gweler y cyfarwyddiadau i Frwsel (rhif 13).*

🚆 *Trên o'r maes awyr i Ghent, newid yn Ghent am Veurne.*

Trên: O Lundain i Veurne – mae'n rhaid i chi fynd drwy Frwsel. Mae hynny fel mynd o Lundain i Birmingham drwy Fanceinion. Gyrrwch – mae'n haws ac yn gynt.

 Gyrru: O Calais yr A16 yr holl ffordd (er y bydd enw'r ffordd yn newid i E40 wedi croesi'r ffin, yr un yw'r heol).

19. Gorsaf drên Liège, Gwlad Belg (Calatrava)

Agorodd yr orsaf reilffordd newydd yma yn Liège yn 2009, ac mae'n anodd disgrifio cymaint o wahaniaeth mae'r orsaf wedi ei wneud i ddelwedd y dref (y feirniadaeth gyffredinol yw nad yw hi'n cyd-weddu â gweddill yr adeiladau o'i chwmpas). Ond os y'ch chi'n comisiynu'r pensaer Santiago Calatrava i gynllunio gorsaf reilffordd i chi, mae gyda chi syniad go lew o beth fydd y canlyniad. Mae elfennau tebyg ym mhob cynllun o'i eiddo, o'r bont ar draws y Liffey yn Nulyn i faes awyr Bilbao yn Sbaen, a gorsaf drenau tanddaearol y World Trade Centre newydd yn Efrog Newydd. Mae e'n gredwr mawr mewn cynllunio gor-strwythurol, ac o ganlyniad mae ei gynlluniau yn aml yn edrych fel cawell asennau. Fel sgerbydau wedi'u gwynnu yn yr haul. Nid beirniadu ydw i, ond ceisio rhoi syniad i chi o'r effaith weledol. Wn i ddim a yw'r corff

19

dynol yn ysbrydoliaeth iddo, ond yn sicr mae ei gynlluniau'n gyhyrog ac yn arddangos y math o brydferthwch a geir yn ffurf ac effeithiolrwydd y corff; a'r platfforms yn edrych fel gewynnau yn cysylltu'r dref â gweddill y wlad. Disgrifiad braidd yn ffrwti, falle, ond arhoswch tan i chi ei weld e.

Mae'r adeilad wedi'i wneud o goncrit gwyn, gan fwyaf (fel bron popeth mae e wedi'i gynllunio) sy'n ei wneud e'n llawer mwy amlwg. Beirniadaeth arall yw ei fod e'n oer yn y gaeaf ac yn rhy boeth yn yr haf, oherwydd ei fod e'n gynllun agored, modern. Rwy'n synnu bod y gallu gan bobol i sylwi ar bethau ymylol felly ym mhresenoldeb adeilad mor ysgytwol o wahanol.

Tra byddwch chi yn Liège ceisiwch ddringo **Montagne de Bueren** – stryd o dai teras dychrynllyd o serth sy'n codi o'r dre drwy gyfrwng 374 o risiau ac yn arwain at gofeb filwrol. Wn i ddim allwch chi weld yr orsaf o'r top, ond fe allwch weld popeth arall.

Maes awyr agosaf: Maastricht, ond mae Brwsel yn haws. Gallwch hedfan o Gaerdydd ar KLM a newid yn Amsterdam, ond mae e'n ddiwrnod hir. Does neb yn hedfan yn syth i Frwsel o Gaerdydd! Gallwch hedfan o Fryste, eto ar KLM, ac mae'n rhaid newid yn Amsterdam, ond mae'r amserau yn well. Mae Ryanair yn hedfan o Fanceinion yn syth i Frwsel, a Brussels Airline yn syth o Birmingham, ac mae llawer mwy o ddewis o feysydd awyr Llundain, wrth gwrs. Mae Liège tua awr a hanner, mewn car neu ar fws, o faes awyr Brwsel, a thua'r un amser ar y trên – ac os y'ch chi am weld yr orsaf drên yn ei holl ogoniant, mae'n rhaid i chi fynd ar y trên, wrth reswm.

Trên: Gallwch deithio ar y trên yr holl ffordd yn ddigon di-drafferth. O St Pancras, Llundain, ar yr Eurostar i Frwsel, newid yng nghorsaf De Brwsel, am y Thalys i gyfeiriad Aachen, gan gyrraedd Liège mewn llai na thair awr a hanner o Lundain.

Gyrru: Os oes rhaid, ond pa fath o dristyn sy'n gyrru i weld gorsaf reilffordd?

20. Cofeb Mynydd Buzludzha (Cofeb Plaid Gomiwnyddol Bwlgaria)

Mae hwn ar yr heol o Kazanluk i Gabrovo (yr E85) ger Khadzhi Dimitur. Roedd Comiwnyddion dwyrain Ewrop yn dwli ar goncrit. Maen nhw'n dal felly, i ryw radde. Roedd rhwyddineb y broses yn eu galluogi nhw i godi adeiladau, pontydd, arosfannau bysys, byncers, cofebau ac yn y blaen, yn gyflym, yn ôl y galw – yn fwy felly na gwledydd y gorllewin. Ond mae oes aur y gofeb goncrit, yn anffodus, wedi pasio.

Dwi fy hun yn hynod o hoff o'r strwythurau cyhyrog yma. Dy'n nhw ddim yn soffistigedig nag yn gymhleth ... nac yn gynnil. Maen nhw'n osodiadau *macho* yn llawn swagar a fflagiau, yn cyhwfan wedi'u startsho drwy goncrit, wedi eu saernïo i ennyn emosiwn ymhlith y werin datws. Rambo wedi'i gastio mewn carreg. Atgofion o oes pan oedd y wlad yn unfryd yn erbyn rhyw elyn. Mae hynny dwtsh yn sentimental, falle. Oherwydd natur y llen haearn, a'r cyfyngiadau a roddwyd ar artistiaid yr ugeinfed ganrif, fu dim

datblygiad celfyddydol fel y cyfryw, dim ond y gelfyddyd a ganiatawyd gan y Blaid Gomiwnyddol. Doedd dim lle i ddatblygiad personol na mudiadau celf beiddgar gweddill Ewrop, dim ond lle i'r hyn oedd yn dderbyniol i'r Blaid. Mae dwsinau o'r cofebau concrit yma ym Mwlgaria, yn dathlu canrifoedd o fodolaeth, cyfeillgarwch y wlad â Rwsia – ac yn arbennig, goruchafiaeth Bwlgaria dros Twrci, ac yn y blaen.

Fy hoff gofeb i yw hon ar ben mynydd Buzludzha, yn arbennig oherwydd ei siâp, yr ysbryd gobeithiol oedd y tu ôl i'w chodi yn lle cynta, a'r lleoliad ar ben mynydd yng nghanol nunlle. Mae'r safle yn berthnasol i hanes Bwlgaria am ddau reswm. Yn gyntaf, dyma faes y gad rhwng Bwlgaria a Thwrci yn 1868, a hefyd dyma lle cyfarfu Dimitar Blagoev â'i gyfeillion i gynllunio dyfodol Comiwnyddol i Fwlgaria ar ddiwedd y bedwaredd ganrif ar bymtheg. Mae'r adeilad ar ffurff soser anferth fel llong ofod, a thŵr y drws nesa iddo. Tu mewn, mae ystafell gron fel seneddle, oedd yn cael ei defnyddio i ddathlu llwyddiannau'r wlad. Mae'r waliau wedi eu gorchuddio â mosaics o gewri'r mudiad sosialaidd: Engels, Marx a Lenin. Pan agorwyd yr adeilad yn swyddogol gan Todor Zhivkov (un arall o'r cerfluniau oddi mewn), arweinydd Comiwnyddol y wlad yn 1981, roedd ei anerchiad yn llawn hyder am ddyfodol sosialaeth y wlad. Lai na degawd yn ddiweddarach roedd Comiwnyddiaeth ar ben, Zhivkov wedi'i garcharu a delwedd ei wyneb wedi ei sgwrio oddi ar y waliau. Yn anffodus, mae'r adeilad wedi diodde'n enbyd ers cwymp Comiwnyddiaeth, a thu fewn yr adeilad wedi'i orchuddio â graffiti bellach. Ond does dim pylu ar yr argraff weledol o hyd. Mae posib cyrraedd y gofeb o'r naill ochr a'r llall o Fwlch Shipka (lle mae 'na gofeb arall, gyda llaw), reit yng nghanol Bwlgaria.

✈ *Maes awyr agosaf: Sofia, Plovdiv. Caerdydd i Sofia gyda KLM a newid yn Amsterdam (hir a drud). O Fryste gyda Wizz Air yn syth i Sofia yn rhatach na baw. Ryanair yn syth i Sofia o Lerpwl.*

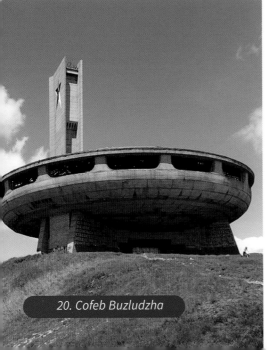

20. *Cofeb Buzludzha*

21. Amgueddfa Perthnasau Chwâl, Zagreb

Mae amryw o'r rhain wedi agor o gwmpas y byd erbyn hyn, ond hon yn Zagreb yw'r gwreiddiol, yn ôl y sôn. Swm a sylwedd y cynnwys yw gwaddod rhai miloedd o berthnasau ar ôl iddyn nhw chwalu. Falle nad yw hynny'n swnio'n ddigon o sbardun i godi dyn o'i wely pan fydd ar ei wyliau, ond fe synnech chi pa mor ddiddorol yw twrio drwy ddillad budron (ddim yn llythrennol) pobol eraill. Yn cyd-fynd â phob eitem, mae hanes byr o sut y bu i'r berthynas chwalu, a rhan yr eitem yn y broses honno. Mae'r byd yn gyforiog o amgueddfeydd diflas yn llawn casys gwydr yn ceisio cyfleu rhyfeddod. Mae 'na rywbeth gonest am hanesion go iawn pobol sydd wedi ymwahanu – llawer ohonyn nhw'n hanesion trist, megis dadlau am bethau pitw fel *egg-timer*, rhai yn ddoniol ac eraill yn od. Bach iawn ohonon ni sy heb brofi siom ingol tor-perthynas … ond wnes i erioed roi siswrn drwy siwtiau fy mhartner. (Er, wedi i mi

fod yn yr amgueddfa, mae e'n apelio nawr, mae'n rhaid cyfadde.)

 Maes awyr agosaf: Zagreb. Gallwch hedfan i Zagreb o Gaerdydd gyda KLM ond bydd yn rhaid newid yn Amsterdam, ac mae e'n ddrud. O Fryste, eto gyda KLM, mae'r pris yn rhatach ond mae'r daith gymaint yn hirach o'r herwydd. Mae British Airlines a Croatia Airlines yn rhesymol, ac yn hedfan yn syth o Heathrow.

 Trên i Zagreb: Llundain i Baris, newid gorsaf o Gare du Nord i Gare de l'Est. Paris i Munich, newid trên. Munich i Zagreb dros nos.

22. Ynys Vis

O'r holl ynysoedd sydd yng Nghroasia, Vis yw'r pellaf o'r tir mawr, ac o ganlyniad does dim cymaint o ddatblygu twristaidd wedi bod yno. Hefyd, hyd at yr wythdegau roedd yr ynys ar gau i dwristiaid gan ei bod yn gartref i ganolfan filwrol. Hyd heddiw, mae'n dal i fod dipyn tawelach

nag ynysoedd enwocaf yr Adriatig. Mae ei lleoliad allan yng nghanol y môr yn ei gwneud yn gyrchfan i *yachties*, ond mae posib osgoi hynny o dwristiaid sydd ar Vis, a dianc i draethau tawelach lle mae'r môr yn glir i'r gwaelod. Does dim tywod, heblaw ar ambell draeth, ond mae hynny'n bris bach i'w dalu. Mae'r bwyd, fel y byddech chi'n disgwyl, yn ffresh ac o'r môr gan fwyaf. Mae amryw o bleserau y gallwch chi eu mwynhau tra byddwch chi yno, fel y **Grotto Gwyrdd** (llawer mwy nag un glas Amalfi) o dan ynys Ravnik, bedwar can llath oddi ar arfordir Vis ger Rukovak. Does dim tâl, ac fe gewch chi nofio.

Gallwch hurio tacsi dŵr i fynd â chi allan i'r Grotto, os nad y'ch chi'n ffansïo nofio i'r ynys.

Er mwyn cyrraedd Vis mae'n rhaid dal y fferi o Split, sy'n ddwy awr o daith ond yn rhad fel baw. Pedair Ewro y person, a dim ond 25 Ewro am y car (prisiau haf 2017). Byddai'n braf gallu argymell y fferi o Ancona yn yr Eidal, gan fod fanno yn haws i'w gyrraedd o Brydain, ond mae honno'n ddrud, a'r daith yn ddeuddeg awr. Nid dyma gartref mynwesol y 'Fat Slags'. Rhag ofn i chi gymysgu rhwng ViZ a VIS.

Maes awyr agosaf: Split. Easyjet yn syth o Gatwick. Neu i Zagreb, yn syth o Fanceinion gyda My Austrian (ond mae taith hir o Zagreb i Split i ddal y fferi). Mae Easyjet yn hedfan o Fryste i Dubrovnik tan ddiwedd Hydref (dros dymor yr haf) ond mae'n daith hir eto o Dubrovnik i Split i ddal y fferi.

Gyrru o Rijeka i Dubrovnik
23. Rijeka i Split

Yn yr achos yma y teithio yw y gwyliau, ac rwy'n rhannu'r daith hir hon yn dair rhan a'u cynnwys yn y rhestr lleoliadau am resymau a ddaw yn amlwg yn y man. Mae'n daith weddol hir, ond prin y byddwch chi'n ymwybodol o'r pellter wrth yrru heibio i rai o olygfeydd godidocaf y Môr Adriatig ar y ffordd i lawr i Dubrovnik. Gwnewch y gorau o'r traethau bendigedig ar hyd y ffordd. Hefyd, byddwch yn pasio pedwar neu bump parc cenedlaethol. Mae'r daith yn gyfan yn chwe awr a hanner, ond dylid cymryd chwe niwrnod i'w chwblhau gan stopio mewn amryw o lefydd ar y ffordd.

Mae **Zadar** yn lle da i ddechrau. Fel amryw o drefydd yr hen ddwyrain mae'n diodde'n ormodol o flociau concrit di-ddychymyg, ond mae'r hen dref sy'n wynebu'r môr yn em, yn enwedig yr **Organ Fôr**. Mae tyllau wedi'u torri yn y grisiau sy'n arwain i lawr i'r môr, ac maent wedi eu cynllunio fel bod nodau i'w clywed wrth i lif y môr wthio'r awyr drwyddyn nhw. Mae posib dal cwch i sawl ynys o Zadar.

Dewch oddi ar yr E65 cyn cyrraedd Šibenik a throi i'r 27. Fe aiff yr heol yma â chi ar draws pont Šibenik, ac arhoswch ar heol yr arfordir yr holl ffordd lawr i **Trogir**. Tref gaerog berffaith yw hon, a'i waliau yn gyflawn mewn mannau, ar ynys rhwng ynys fwy a'r tir mawr. Fel carreg wedi'i dal mewn ceg ceunant. 'Fenis fechan', lle mae posib canŵio ar hyd y camlesi. Tref wedi'i phiclo mewn amser. Gewch chi drafferth llusgo'ch hun oddi yno.

Arhoswch ar heol yr arfordir, heibio i faes awyr Split, ac os bydd amser ceisiwch fentro un waith eto i'r môr cyn cyrraedd Split. Mae unrhyw un o'r Kaštel-au yn hyfryd: Novi, Stari, neu Lukšić. Mae pob troad i'r dde oddi ar yr heol fawr yn arwain at y môr.

24. Split i Neum

Unwaith eto, anwybyddwch y blociau ar y ffordd i mewn i Split ac ewch yn syth am y môr a'r harbwr, ac edrychwch yn ôl dros y dref at y mynyddoedd. Un o'r atyniadau y mae'n rhaid i chi ymweld ag e yw **Palas Diocletian**. Ef oedd yr ymerawdwr gwrth-Gristnogol olaf, a'r mwyaf ohonynt oll, ac am ddegawd bron ar ddechrau'r bedwaredd ganrif fe ormesodd Gristnogion yr Ymerodraeth yn ddi-dostur. Yn eironig, yn fuan wedi ei ymddeoliad daeth Cystennin i lenwi ei sgidiau yn arweinydd Cristnogol cyntaf yr Ymerodraeth. Dyw Palas Diocletian ddim yn adfail nac yn amgueddfa erbyn hyn, ond yn fwrlwm o strydoedd cul, siopau a bwytai, yr hen adeiladau yn dal i gael eu defnyddio, a'r awyrgylch yn perthyn i'r presennol. Mae sawl fferi i'r ynysoedd yn mynd o borthladd Split, gan gynnwys yr un i Vis (gweler rhif 22).

Ymlaen â chi wedyn i'r de i dref **Makarska**, sydd wedi'i gwasgu rhwng mynydd **Sveti Jure** a'r môr. Mae posib gyrru i'r copa o'r 512, ac mae tŷ bwyta yn agos i'r top. Fues i erioed yno, ond hyd yn oed os yw'r bwyd yn warthus bydd yr olygfa yn siŵr o fod yn 'gobsmaclyd'.

Os y'ch chi wedi crwydro'r byd yn chwilio am amgueddfa sy'n dathlu popeth molwsgaidd, does dim rhaid i chi fynd ymhellach. Mae e yma yn yr **Amgueddfa Malacalogica**. Tref â rhywbeth i bawb, mae'n amlwg, ond gyda'r hwyr, mae ardal yr harbwr a'i bariau, disgos a bwytai, yn bywiogi. Y bore wedyn, ewch ymlaen i'r de eto a thrwy bentrefi bychain, hyfryd **Duboka** a **Klek**, cyn croesi'r ffin i fewn i Bosnia/Herzegovina – dim ond am 10km, a dyna'r unig ddarn o arfordir sydd yn Bosnia/Herzegovina – gan basio drwy dref glan môr **Neum**. Mae prisiau yn rhatach yn B/H nag yng Nghroasia, a gwnewch y gorau o Neum fel ag y mae e nawr achos mae e'n mynd i newid. Mae 'na gynlluniau ar y gweill ar gyfer porthladd mawr yno.

Dim ond deugain milltir allan o'ch ffordd, i mewn i'r tir mawr o Neum, mae dinas hynafol **Mostar**. Mae'n enwog am ei phensaernïaeth Islamaidd, ac mae ei phont ryfeddol, a ddymchwelwyd yn ystod y rhyfel, wedi'i chodi yn union fel ag yr oedd hi cynt. 'Nôl dros y ffin i ddarn isaf Croasia, a does ond rhyw ddeugain milltir hyd at ddiwedd y daith, sef dinas urddasol Dubrovnik.

25. Dubrovnik

Mae Dubrovnik yn un o'r dinasoedd hynny y gallwch chi gael pleser rhyfedda drwy ddim ond edrych arni, a dim arall, ond dyw hynny ddim yn golygu nad oes digon i'w wneud yma.

Yn **Eglwys Gadeiriol Dubrovnik** mae

cewyn cynta Iesu Grist. *Swaddling clothes* yw'r ymadrodd Saesneg, ond falle fod 'cewyn' yn nes at y gwir (os allwn ni sôn am 'wir' yn yr achos yma). Mae yna sawl 'cewyn cyntaf' mewn eglwysi o gwmpas Ewrop. Mae dadl ddiwinyddol ymysg y gwybodusion: oherwydd mai mab Duw oedd yr Iesu, ac wedi ei eni'n ddynol, roedd yn rhaid iddo rannu'r un prosesau corfforol â dyn. 'Wy ddim yn meddwl bod rhaid i mi ymhelaethu mwy na hynny ar y pwnc. Roedd adeg yn y bymthegfed ganrif pan oedd hi'n ffasiynol gan artistiaid i beintio'r enedigaeth gan ddangos Joseff ag un droed noeth, i awgrymu ei fod wedi rhwygo'i hosan yn garpiau fel rhwymyn i'r

Iesu. Roedd hyn yn plesio rhai o ddiwinyddion y dydd – er nad oedd Joseff yn dad i'r Iesu, roedd e fel person dynol yn cyfrannu at iechyd a diogelwch y baban. Ond wedyn, faint o gyfraniad yw hosan? Ta beth, mae'r crair i'w weld mewn cist fawr arian wedi'i addurno, yn gyforiog o sgrôls a swyrls a bodau hedegog. Mae'r cewyn yn Eglwys Aachen, gyda llaw, mewn blwch aur, cain. P'un fyddech chi wedi'i ddewis?

 Maes awyr agosaf: Rijeka. Ryanair o Stansted yn syth i Rijeka (dim ond dros yr haf, o bosib). Croatia Air yn syth o Heathrow – eto, mae'n bosib mai dim ond dros yr haf mae'r ehediadau. Mae modd hedfan yn ôl o Dubrovnik i Stansted gydag Air Berlin a newid yn Berlin (dyna'r ffordd rataf), neu gydag Easyjet neu Norwegian, yn syth i Gatwick. Gallwch logi car yn Rijeka a'i ddychwelyd i Dubrovnik.

26. Cerflun Man Meets the Sea, Esbjerg

Mae'r cerflun gwyn yma o bedwar dyn unffurf yn eistedd fel Canute, yn wynebu'r môr wrth i chi gyrraedd Esbjerg ar arfordir gorllewinol Denmarc. Mae atseiniau o Abu Simbel yn y ffordd maen nhw'n eistedd, ond dim o'r manylder. Ffigyrau plaen yw'r rhain, yn naw metr o uchder (dros 30 troedfedd) wedi'u castio mewn concrit gwyn, felly mae'n rhaid i ni gymryd yn ganiataol eu bod nhw'n cynrychioli dyn yn hytrach nag yn bortreadau o unigolion. Mae'r lliw gwyn yn drawiadol yn erbyn tywyllwch y tir, ond fe fydden i'n meddwl mai wrth eu cyrraedd o gyfeiriad y môr, a'r tir a chymylau duon yn gefndir, y bydden nhw yn fwyaf gweledol effeithiol.

 Maes awyr agosaf: Copenhagen neu Hamburg yn yr Almaen – does dim llawer o wahaniaeth. Mae Easyjet yn hedfan yn rhad o Fryste yn syth i Copenhagen, a hefyd yn syth o Fanceinion (fel SAS, ond maen nhw ychydig yn ddrutach). BMI Regional o Fryste yn syth i Hamburg, ond yn ddrutach. Allwch chi ddim dilyn y Beatles o Lerpwl i Hamburg (wel, ddim yn rhad, beth bynnag) ond fe allwch chi fynd yn syth o Fanceinion gyda Ryanair, a hynny am bris pedwar peint o gwrw. Tair awr a hanner mewn car o Copenhagen, tair awr a hanner hefyd o Hamburg.

Gyrru: Calais, Dunkirk, Antwerp, Eindhoven, Essen, heibio Münster ac Osnabrück, i Bremen, ac yna Hamburg. Ymlaen i'r gogledd drwy Neumünster, a chroesi'r ffin i Ddenmarc ger Flensburg. Ymlaen drwy Åbenrå a Haderslev cyn troi'r chwith yn Kolding, am Esbjerg.

27. Goleudy Rubjerg Knude

Goleudy yw hwn a ddechreuodd ar ei waith ar drothwy'r ugeinfed ganrif. Ar y pryd roedd e ddau gan medr o'r môr, a'i belydrau 80 medr uwchben y môr. Mae dwy elfen yn prysuro ei dranc – erydiad y clogwyni lle mae'n sefyll, ac effaith y

26. Cerflun Esbjerg

gwynt ar y tywod mân sy'n raddol yn ei gladdu. Ymladdwyd i'w gadw ar agor fel goleudy gweithredol, ond yn 1968 daeth yn amlwg nad oedd datrysiad i'r sefyllfa, ac fe'i caewyd. Mae'n bosib cael mynediad drwy'r drws er mwyn gallu gweld yr olygfa o'r top – a'r môr o ddŵr ar un ochr a'r môr o dywod ar yr ochr arall – ond am ba hyd? Ewch yn gynnar i osgoi'r twristiaid, a cheisiwch osgoi dyddiau gwyntog iawn rhag i chi rannu tranc y goleudy druan. Amcangyfrifir gan y gwybodusion sy'n astudio patrymau'r twyni a'r tonnau na fydd e'n sefyll ymhen pymtheg mlynedd. Falle y byddwn ni wedi

dod allan o'r Gymuned erbyn hynny.

✈ *Maes awyr agosaf: Copenhagen, fel rhif 26. Mae'n bump awr o Copenhagen i Oleudy Rubjerg Knude.*

🚗 *Gyrru: Calais, Dunkirk, Antwerp, Eindhoven, Essen, heibio Münster, ac Osnabrück, i Bremen, ac yna Hamburg. Ymlaen i'r gogledd, drwy Neumünster, a chroesi'r ffin i Denmark ger Flensburg. Ymlaen drwy Åbenrå, Haderslev, a Kolding. Dilyn arwyddion i Horsens ac Aarhus, ac ymlaen drwy Randers i Aalborg. Ymlaen i'r gogledd ar yr E39, ond dim ond mor bell â Poulstrup. Troi i'r chwith ar heol 593. Troi i'r dde ger Vra, a dilyn arwyddion i Rubjerg Knude Fyr. Tair awr ar ddeg o Calais.*

28. Den Tilsandede Kirke, Skagen

Mae hanes Den Tilsandede Kirke (yr eglwys a orchuddir gan dywod) ar gyrion tref Skagen tua 50km i fyny'r arfordir o'r goleudy, yn debyg. Mae e bron yn ddameg. Mae 'na rybuddion am godi tŷ ar dywod yn y Llyfr Mawr. Fyddech chi'n meddwl, felly, mai cam bach fydde

27

addasu'r egwyddor i unrhyw adeilad, gan gynnwys eglwysi. Ta beth, mae'n siŵr fod tir cadarn yno yn rhywle, ond dyw e ddim i'w weld bellach gan fod y fynwent a'r eglwys wedi'u traflyncu gan fôr o dywod, a dim ond top y tŵr sydd i'w weld erbyn heddiw. Yn eironig, eglwys Sant Laurentii (Laurence) yw hi, sef nawddsant y morwyr. Prin mae'r morwyr yn gallu eu gweld hi bellach.

Pan symudodd y tywod i mewn ar ddiwedd y ddeunawfed ganrif fe symudodd y gynulleidfa allan, ac mae'r sefyllfa wedi gwaethygu cryn dipyn ers hynny – ond o leia mae tirwedd yr ardal wedi sefydlogi erbyn hyn.

Mae Skagen yn borthladd prysur ar bwynt mwyaf gogleddol Denmarc, a'r pwynt agosa i Sweden. Serch hynny, mae'n rhaid i chi deithio i Frederikshavn, tua 40km yn ôl i lawr yr arfordir, er mwyn dal fferi i Gottenberg yn Sweden.

 Maes awyr agosaf: Copenhagen (fel rhif 26). Mae maes awyr Aarhus yn nes, ond dim ond Ryanair sy'n hedfan yn syth yno, a hynny o Stansted, a dyw e ddim yn arbennig o rhad. Mae taith o ychydig dros bump awr mewn car o Copenhagen i Skagen.

Gyrru: Dilynwch y cyfarwyddiadau gyrru (rhif 27) cyn belled ag Aalborg. Er y byddwch chi, mae'n debyg, yn teimlo eich bod chi wedi cyrraedd pen arall y blaned erbyn hynny, mae'n 50 milltir o Aarlborg i Skagen / tua 14 awr o Calais.

29. Pont a thwneli Øresund (rhwng Denmarc a Sweden)

Dim ond rhyw bymtheg cilomedr o led yw culfor Øresund sydd rhwng Denmarc a Sweden, ond y syndod, falle, yw nad oedd unrhyw fath o gysylltiad yno i uno'r ddwy wlad tan yn ddiweddar iawn. Bu sôn am y

22

peth drwy gydol yr ugeinfed ganrif ond, ar fwy nag un achlysur, gohiriwyd unrhyw ddatblygiad oherwydd problemau economaidd. O'r diwedd, bwriwyd ymlaen â'r cynllun yn y nawdegau cyn i'r bont agor yn y flwyddyn 2000. Ond mae hi'n fwy na phont – mae'n dwnnel hefyd.

Mae'r darn pontiog yn codi o Malmö yn Sweden, a'r bont yn diflannu o dan y môr ac i dwnnel ar gyfer traean olaf y daith. Mae hyn yn caniatáu i longau i fynd a dod fel y mynnon nhw, ym mhob tywydd, gan adael yr awyr uwch y culfor yn rhydd o unrhyw strwythur ar ochr Denmarc, lle mae awyrennau'n hedfan yn isel er mwyn glanio ym maes awyr y brifddinas. Mae'r bont/twnnel yn cynnwys ffordd ddeuol i geir a rheilffordd – ewch yng ngolau dydd er mwyn manteisio ar yr olygfa. Mae modd cael gostyngiad ar bris y tocyn drwy fynd i'r wefan: www.oresundsbron.com

Maes awyr agosaf: Copenhagen (fel rhif 26).

Gyrru: Calais, Dunkirk, Antwerp, Eindhoven, Essen, heibio Münster ac Osnabruck, i Bremen, ac yna Hamburg. Ymlaen i'r gogledd, drwy Neumünster, a chroesi'r ffin i Ddenmarc ger Flensburg. Ymlaen drwy Åbenrå, Haderslev, cyn troi'r dde yn Kolding, ar yr E20 am Copenhagen.

30. Amgueddfeydd Tirpitz, Blåvand

Mae pedair amgueddfa yma, oll wedi eu claddu, yn rhannol, o dan un o fyncyrs Almaenig mwyaf yr arfordir, sef Tirpitz, ond gan fwyaf o dan dwyni tywod. Byncyr Tirpitz yw'r mwyaf o'r ddau gant o fyncyrs a godwyd gan yr Almaenwyr yn ystod yr Ail Ryfel Byd – ac mae'r rhan fwyaf ohonyn nhw'n dal i sefyll. Mae'r fynedfa fel rhwyg siâp croes yn wyneb y ddaear, yn arwain at gynteddau tanddaearol i'r pedair amgueddfa.

Mae'r amgueddfeydd yn wahanol i'w gilydd: mae un yn ymwneud â hanes y byncyr, y rhan a chwaraeodd yn y llen amddiffynnol a straeon pobol leol o'r cyfnod. Mae un arall yn canolbwyntio ar hen hanes y rhan yma o'r arfordir. Yn y drydedd amgueddfa mae'r casgliad mwyaf o amber yn Nenmarc, ac mae'r pedwerydd yn oriel gelf a lleoliad ar gyfer arddangosfeydd teithiol. Fel arfer, ni chaniateir unrhyw ymyrraeth â thwyni tywod yr ardal gan fod y rhan yma o'r wlad yn ardal gadwraeth, ond gan mai'r Almaenwyr a gododd y twyn sydd drws nesa i'r byncer er mwyn atgyfnerthu'r trac, doedd dim peryg o amharu ar wead twyn naturiol. Mae'r gwrthgyferbyniad rhwng y gwylltineb allanol a'r soffistigeiddrwydd llyfn o wydr a haearn oddi mewn yn drawiadol, ac yn wledd i'r synhwyrau.

Maes awyr agosaf: Copenhagen neu Hamburg yn yr Almaen. Does fawr o wahaniaeth. Gweler cofnod rhif 26 am y manylion. Tair awr a hanner mewn car o Copenhagen, tair awr a hanner hefyd o Hamburg.

Gyrru: Calais, Dunkirk, Antwerp, Eindhoven, Essen, heibio Münster ac Osnabruck, i Bremen, ac yna Hamburg. Ymlaen i'r gogledd, drwy Neumünster, a chroesi'r ffin i Ddenmarc ger Flensburg. Ymlaen drwy Aabenraa, Haderslev, cyn troi'r chwith yn Kolding, am Esbjerg a Blåvand. Un awr ar ddeg a hanner o Calais.

30

31. Dyffryn Valtelline

Does dim olion heddiw i'n hatgoffa ni o hanes cythryblus y dyffryn diarffordd hwn, nac olion o'r goresgynwyr a fynnodd hawl drosto dros y canrifoedd. Yn hynny o beth mae ei hanes, oherwydd ei leoliad ar y ffin rhwng dau rym, yn eitha cyffredin i lawer o ardaloedd eraill yn Ewrop. Yr hyn sy'n anodd ei gysoni yw bod dyffryn mor hardd yn meddu ar gefndir mor dreisgar. A phetai rhai o gadfridogion Mussolini wedi cael eu ffordd, gallai wedi bod yn llawer mwy treisgar, hyd yn oed.

Y syniad oedd, a'r Ail Ryfel Byd yn brysur ddirwyn at ei derfyn, y byddai Mussolini a'i ffyddloniaid yn sefyll yn y bwlch am un frwydr arwrol arall. Chyrhaeddodd e ddim. Do, fe ddwedes i nad oes bron ddim ar ôl i brofi y bu rhyfel yn yr ardal, ond i'r gogledd-ddwyrain o Tirano, ar heol yr SS38, mae'r **Stelvio Pass** – heol fwlch uchaf Ewrop sy'n codi mewn cyfresi o fachdroeon a ffigyr-êts i uchder o bron i chwe mil o droedfeddi (mae ar gau yn y gaeaf) – ac yma y digwyddodd brwydr uchaf y Rhyfel Byd Cyntaf. Yn yr amgueddfa yn **Bormio**, rhyw ugain cilomedr i ffwrdd, mae ailgread o un o ffosydd y frwydr honno, a lluniau arswydus. Yn ogystal â'r hanes a'r golygfeydd, mae yn yr ardal hon hefyd winoedd safonol a chaws lleol o'r enw Bitto. Mae hyn oll yn haeddu wythnos o'ch amser, yn bendant. Hefyd (nid 'mod i eisiau hyrwyddo petheuach y tu hwnt i ffin Ewrop), yn Tirano gallwch ddal trên y Bernina Express, y rhyfeddod Alpaidd hwnnw, i baradwys y miliwnyddion, sef St Moritz yn y Swistir. Mae'r Bernina Express Bus yn mynd o Tirano, sydd reit ar y ffin â'r Swistir, drwy dirwedd hudolus Dyffryn Valtelline. Tamaid i aros pryd yw'r daith fws, ar gyfer taith estynedig rywbryd eto.

 Maes awyr agosaf: Milan Bergamo (sef trydydd maes awyr Milan), neu Milan Malpensa. Mae'r daith o Gaerdydd i Malpensa (heb newid) ar Flybe yn rhad fel baw, a dyffryn Valtelline tua dwy awr mewn car (A36, SS36/SS38) o'r maes awyr. O Fryste i Milan Bergamo: eto

31. Dyffryn Valtelline

yn rhad fel baw ar Ryanair. Eto tua dwy awr mewn car i Ddyffryn Valtelline o'r maes awyr.

Trên: O St Pancras, Llundain, tua 08.30 i Paris Gare du Nord. Newid am Gare de L'Est, wâc o ddeng munud, cyn dal trên 12.55 y TGV 2421 i Strasbourg. Wedi cyrraedd, newid i'r 14.51 TER 96223 i Basel yn y Swistir. Newid yn Basel am y trên 16.33 i Chur. Newid yn Chur am y trên 18.58 i St Moritz sy'n cyrraedd am naw y nos. Mae'n awr a hanner mewn car o St Moritz i Tirano ymhen y dyffryn. Neu gallwch ddal y Bernina Express.

Gyrru: O Calais ar yr A16, ac yna bron yn syth yr A26 heibio Arras, i Reims. Wedi pasio Reims, mae angen troi oddi ar yr A4 i'r N4 ac yna'r A31 i gyfeiriad Nancy, a heibio i Nancy mor bell â Luneville, pan y'ch chi'n ymuno â'r N59 drwy Saint-Dié-des-Vosges ac ymlaen i Kintzheim ar yr N83/A35 i Basel yn y Swistir. Heol A3 o Basel hebio i Zurich ac ymlaen i'r ffin â Lichtenstein pan mae'r heol yn newid i'r E43/A13. Troi i'r chwith yn Thusis ac ymlaen drwy Bergun a Preda i La Punt-Chamues-ch a throi i'r dde ar yr A27 i gyfeiriad maes awyr Engadine ar gyrion St Moritz. Troi i'r chwith ar yr A29 drwy

Poschiavo i Tirano mewn 11 awr a chwarter.

32. Monopoli, Puglia

Tref ar sawdl yr Eidal yw Monopoli yn nhalaith Puglia. Mae'n enwog am fod yn bentref glan-môr prydferth ... ond mewn gwlad lle mae'n anodd osgoi pentrefi tebyg, be sydd yn gwneud Monopoli yn wahanol? Mae ynddo dalp go hegar o'r ffordd Rufeinig **Via Traiana**, a grewyd ar ddechrau'r ail ganrif, ond er mor rhyfeddol yw hynny, does dim prinder nodweddion gwir hanesyddol yn yr Eidal sydd llawn cystal, os nad gwell, na hynny. Y rheswm pam mae e wedi'i gynnwys yn y detholiad hwn o lefydd nodedig yw mai yma y ffilmiwyd hysbyseb enwog y cwmni cwrw Guinness, sy'n dangos hen ŵr yn nofio o'r bwi sydd y tu draw i waliau'r harbwr i'r lan ac i'r bar yn yr amser mae'n gymryd i dywallt peint perffaith o'r cwrw du (119.5 eiliad, yn ôl yr hysbyseb). Rwy'n amau yw hynny'n bosib, hyd yn oed, ond mae'r fraint o drio yn ddigon o abwyd i mi.

Gair o rybudd. Mae'n bosib na fydd Guinness o'r pwmp ar werth ym Monopoli, felly ewch â ffrind dibynadwy gyda chi (un sy ddim yn mynd i agor y can a'i yfed) i baratoi dogn o Win y Gwan erbyn i chi gyrraedd y lan, fel y gallwch chi fwynhau'r profiad heb y straen o drio torri unrhyw record ddychmygol.

Meysydd awyr agosaf: Bari a Brindisi. Ryanair o Lerpwl a Stansted yn syth i Bari. Easyjet yn syth o Gatwick. Fe allwch chi fynd yn weddol rhad o Gaerdydd ar Flybe ac Alitalia, gan newid yn Rhufain, ond mae e'n saith awr o daith. O Bari (maes awyr) Tua hanner can munud mewn car.

O Brindisi (maes awyr) Tua tri chwarter awr mewn car.

Mae 34 o drenau yn teithio y naill ffordd a'r llall, rhwng y ddwy dref. Mae'r rhan fwyaf ohonyn nhw'n stopio ym Monopoli.

33. Polignano a Mare, Puglia

Yn debyg i Monopoli, mae Polignano a Mare yn un arall o'r hen bentrefi bach Eidalaidd hynny sy'n ymddangos fel 'taen nhw'n twmblo lawr y bryn i'r môr. Mae'r adeiladau'n llwyddo i lynu i'r graig gerfydd eu hewinedd, bron. Ond fel llawer o ardaloedd gwledig Puglia, does dim llawer wedi newid yma ers degawdau. Dyw'r ysfa i godi gwestai anferth aml-lawr ddim wedi cyrraedd y rhan yma o'r Eidal, diolch i'r Iôr, ac erbyn hyn mae'r weinyddiaeth leol yn sylweddoli gwerth ei hetifeddiaeth, a'r gobaith yw na fydd datblygu, bellach. Mae'r clogwyni sy'n amgylchynu'r hanner cylch o draeth mor uchel, dyw golau'r haul ddim yn para'n hir ar y cerrig mân. Ond am fae perffaith, ac wedi ymdrochi'n llwyr yn ei ddyfnderoedd glas tywyll, fe allwch ymestyn y profiad amheuthun hwn drwy fwcio bwrdd yn y Grotto Palazzese, tŷ bwyta wedi'i naddu o'r graig rhyw bum llath uwchben y tonnau, a mwynhau pryd o fwyd hyfryd, rhamantus tra byddwch yn edrych ar yr olygfa dros y môr. (Os mai cinio rhamantus yw e gyda llaw, peidiwch â chrybwyll y pris a chwalu'r foment yn shitrwns, achos mae e'n ddrud, ond mae'r lleoliad yn unigryw). Mae'r strydoedd yn gul, ond mae llefydd parcio diogel ar gyrion yr hen dref ac os y'ch chi wedi bwcio gwesty cyn cyrraedd, fel arfer fe ddaw'r perchennog neu un o'r staff i'ch hebrwng i'ch gwesty. Gyda llaw, i bawb sy'n hoffi hufen iâ (neu'n hytrach Gelato – mae 'na wahaniaeth, mae'n debyg, er nad ydw i'n gwybod beth yw e) mewn gwlad sy'n ymfalchïo yn ei hamryw Gelatofeydd, mae nifer o gynhyrchwyr Polignano wedi ennill gwobrau cenedlaethol a rhyngwladol. Nawr'te!

Maes awyr agosaf: Bari a Brindisi, fel rhif 32. O faes awyr Bari, mae tua awr ar y bws, deugain munud yn y car.

Trên: o St Pancras, Llundain. O adael St Pancras yn y pnawn bydd siawns go lew y gallwch chi gysgu ar un o'r teithiau hiraf, yn hytrach na gorfod newid am 3 o'r gloch y bore (er enghraifft 15.30 o St Pancras, Paris Gare du Nord erbyn saith o'r gloch yr hwyr. Dwy stop ar yr RER D (tanddaearol) i gyfeiriad Corbeil-Essonnes i Gare de Lyon. Dal trên i Dijon-ville am 19.30. Newid am yr EN 221 i Venezia S.Luca am 21.55, sy'n caniatáu wyth awr a hanner o gwsg di-ffwdan cyn cyrraedd Milano Centrale am 6.15 y bore. Newid i'r FR9503 i gyfeiriad Salerno, a dod oddi ar y trên yn Bologna Centrale, er mwyn dal y trên i gyfeiriad Lecce am 20.44, sy'n cyrraedd Bari Centrale am 15.11 (cyfle arall i ddal i fyny ar gwsg coll). Newid yn Bari am y trên i Polignano a Mare a chyrraedd pen y daith hanner awr yn ddiweddarach. Diwrnod cyfan o deithio.

Gyrru: Os y'ch chi'n hoffi her. O Calais ar yr A26 heibio Arras a Saint Quentin, o gwmpas Reims a chario mlaen i gyfeiriad y de (er bod enw'r heol wedi newid i'r A4, mae angen cario mlaen i gyfeiriad Troyes). Yn fuan wedi Troyes ymuno â'r A5 eto i gyfeiriad y de. Mae'r A5 a'r A31 yn ymuno – aros ar yr heol yma nes cyrraedd cyrion Dijon. Ymuno â'r A39 i'r de-ddwyrain, cyn ymuno â'r A40 tu draw i Bourg en Bresse. Aros ar yr A40 (E25) heibio Geneva a Chamonix cyn iddi newid i'r N205. Drwy dwnnel Mont Blanc, ac ymlaen ar y draffordd (E25) heibio i Aosta, cyn ymuno â'r A4 ar gyrion Santhia i gyfeiriad Milan. O gwmpas gwaelod Milan ar yr A50, mae angen troi i'r de i gyfeiriad Piacenza ar yr E35, a dilyn honno wrth iddi droi yn E45 cyn cyrraedd Bologna ac ymlaen eto, wrth i'r heol droi yn E14 cyn cyrraedd y môr yn agos i Rimini; ac i lawr yr arfordir heibio i Pesaro, Ancona, Civitanova Marche, Pescara, Foggia, a Bari, ac o'r diwedd, Polignano a Mare. Mae'r daith o Calais dros 2,000 o filltiroedd, ac os y'ch chi'n lwcus gallwch gwblhau'r daith mewn un awr ar hugain, ond gall fod bum awr yn hwy.

34

34. Teatro Farnese, Parma

Mae'r Teatro Farnese reit yng nghanol Parma. Cynlluniwyd y theatr gan Giovanni Battista Aleotti (pensaer nid anenwog yn yr ardal) ac agorodd y drysau am y tro cyntaf yn 1618 – ond nid ar gyfer ei brif bwrpas. Mae'n anodd credu heddiw, ond codwyd y theatr hon i ddathlu uniad rhwng dau deulu tywysogaidd, a dewiswyd y safle i nodi bod penteulu'r Medicis, Cosimo II, yn bwriadu pasio drwy'r dref. Os oes unrhyw beth yn mynd i chwalu swigen balchder dinesig, dolur rhydd yw hwnnw, ac fel mae'n digwydd, penderfynodd Cosimo aros adre ar y diwrnod tyngedfennol hwnnw yn 1618, oherwydd ei fod e'n rhy sâl i deithio. Felly roedd gan y dref theatr hyfryd, ysblennydd, ond oherwydd *no-show* y Dug, dim 'sioe'. Cafwyd agoriad swyddogol ddeng mlynedd yn ddiweddarach gyda pherfformiad o 'Mercurio e Marte' gan Monteverdi, oedd yn cynnwys golygfa o ryfel morwrol, pan foddwyd llawr y theatr (yn fwriadol) gan bympiau anferth o dan y llwyfan. Gwerth aros degawd amdano, siŵr o fod. Bu rhyfeddod y theatr yn ddigon i ddenu mawrion Ewrop i Parma, Charles Dickens yn ei plith.

Difrodwyd llawer o'r adeilad yn ystod y rhyfel, ond cafodd ei ail-godi gan ddefnyddio'r cynlluniau gwreiddiol, yn gymysgedd o arena Rufeinig a Thŷ'r Cyffredin. Er nad yw'n cael ei ddefnyddio bellach mae'n bosib ymweld, am bris – ond cewch ryfeddu am ddim.

Maes awyr agosaf: Parma neu Bologna yn y de, neu Milan yn y gogledd. Mae posib hedfan o Gaerdydd i Milan Malpensa heb newid ar Flybe, yn rhad fel baw. O Bristol i Milan Bergamo – eto yn rhad ar Ryanair. O Lerpwl yn syth i Milan Malpensa ar Ryanair, yn rhatach na baw. Awr a deg munud ar y trên FB 8823 o orsaf Milano Centrale i Parma.

Trên: O St Pancras, Llundain. Rhwng 14 ac 20 awr. Newid o'r Gare du Nord i'r Gare de L'Est ym Mharis (wâc o ddeng munud), Gare de L'est i Karlsruhe, Karlsruhe i Zurich, Zurich i Monza, Monza i Milan. Milan i Parma.

Gyrru: 12 awr a hanner mewn car o Calais. Croesi'r sianel i Calais, Marne, Moselle, Strasbourg, Basle, Bern, Nidwalden, Lugano, Milan, Piacenza, Parma.

35. Ham Parma

Mae ymweld ag unrhyw dref neu bentref yn yr Eidal yn mynd i gynnwys pryd, os nad prydau, cofiadwy. Mae'n deg dweud hefyd bod gan bob rhan o'r wlad ei harbenigedd gastronomig. Tra byddwch yn Parma, byddai'n anfaddeuol ymadael heb flasu'r caws caled lleol, sef Parmigiano Reggiano, neu Parmesan. Ydi, mae e mor amlwg, unwaith ry'ch chi'n gwybod. Ac rwy'n gwybod mai dim ond gratio'r caws yn flawd ar ben pasta ry'n ni'n wneud, ond peidiwch â dibrisio cyfraniad Parmesan – 'Brenin yr holl Gawsiau' – i'r cyfanwaith.

Ond nid dyna'r unig fwyd mae ardal Parma yn enwog amdano – mi wyddoch am ham Parma hefyd, debyg. Mae cysylltiad uniongyrchol rhwng y ddau. Yn draddodiadol, mae'r maidd sy'n weddill ar ôl cynhyrchu'r caws yn cael ei fwydo i'r moch er mwyn rhoi'r blas unigryw hwnnw ar y cig. Ry'n ni ym Mhrydain yn prynu mwy o'r cig yma na'r un wlad arall yn Ewrop, yn ôl y sôn. Ewch â ches gwag gyda chi. Os y'ch chi o ddifri am eich caws a'ch cigoedd, mynnwch dywysydd sy'n siarad Saesneg yn rhugl i'ch arwain o gwmpas y siopau, oherwydd bydd amrywiaeth o gigoedd a chawsiau eraill i'w blasu hefyd.

Gweler www.parmagolosa.it.

Manylion teithio: gweler rhif 34.

36. Crypt ac Amgueddfa y Capuchin, Rhufain

Dyw e ddim yn fawr iawn, ac mae rhai yn meddwl fod y tâl mynediad yn ddrud am beth yw e (gallwch dalu dros £60 am daith gyda hebryngwr), ond mae e'n werth ei weld am yr elfen swreal yn unig. Nid nepell o'r **Piazza Bererini**, mae'r crypt yn seler **Eglwys Santa Maria della Concezione dei Cappucini**. Symudodd y Mynachod Cappuccini i'r eglwys hon yn hanner cyntaf yr ail ganrif ar bymtheg, a daethant â rhai miloedd o gyrff cyn-fynachod gyda nhw o'r hen fynachdy. Bydde'r rhan fwyaf o bobol wedi bod yn hapus gyda cwpwl o bants a socs, a habit neu ddau. Oedd angen dod â'r fynwent yn ei chrynswth gyda nhw hefyd? Ta beth,

dyna'r rheswm pam mae'r cyrff yno, ond does dim i'n goleuo ni ynglŷn â'r penderfyniad i ddefnyddio'r esgyrn fel deunydd crai ar gyfer addurno'r stafelloedd, mewn patrymau sgerbydllyd, macabr, anhygoel. Peidiwch â 'nghamddeall i, mae 'na gelfyddyd i'r cynllun, ac mae rhywun (neu rywrai) wedi dwys ystyried lle i osod yr esgyrn i wneud y gorau o'u siapiau. Dyna yw'r elfen swreal. Gallwch ddychmygu Lawrence Llewelyn-Bowen y byd Cappwccinaidd yng nghanol yr ail ganrif ar bymtheg yn gresynu, '... mae'n rhaid cael mwy o *vertebrae* i gael y *swag* yna i weithio'n

effeithiol! Dyw artist ond yn gallu gweithio gyda'r hyn sydd ganddo!' ac yn y blaen. Ond er mor bisâr yw'r cyfanwaith, mae e'n dal i gael ei ystyried yn dir sanctaidd felly gwnewch yn siŵr eich bod chi'n gwisgo'n barchus – hynny yw, dim ysgwyddau na choesau noeth. Tydw i ddim yn gwybod pam, ond mae'n amlwg fod ysgwyddau noeth yn wahoddiad drws-agored i unrhyw ddiawl sy'n digwydd bod yn pasio heibio. Mae'n beth da i'w cadw nhw dan orchudd ledled Rhufain.

 Maes awyr agosaf: Rhufain Ciampino a Fiumicino. Caerdydd yn syth i Rhufain Fiumicino. Rhad iawn ar Flybe. O Lerpwl ar Blue Air, sydd yr un mor rhad, yn syth i Fiumicino.

Trên: O St Pancras, Llundain. Os allwch chi gyrraedd St Pancras am 05.40 gallwch wneud y daith yn gyfan mewn diwrnod, gan gyrraedd Gare du Nord erbyn chwarter wedi naw. Gallwch deithio'n hamddenol i orsaf Paris Lyon ar gyfer rhan nesa'r daith sef trên 10.23 o Paris Lyon i Zurich. Dal y 15.09 o Zurich i Milan sy'n cyrraedd am 18.35, a bydd digon o amser i glecio potel o Prosecco cyn dal y

19.55 o Milano Centrale i Rhufain Tiburtina am 23.16.

Gyrru: Oes rhywun eisiau gyrru yn Rhufain?

37. Santa Maria in Trastevere, Rhufain

Eglwys gymharol fach yw Santa Maria, a saif yn ardal Trastevere ('tros afon') yn Rhufain, ond hon yw'r eglwys hynaf i'w chysegu i'r forwyn fair, ac yn sicr mae'n un o'r eglwysi hynaf yn Rhufain. Codwyd yr eglwys gyntaf ar y safle yn y bedwaredd ganrif, ac ychwanegwyd ati'n rheolaidd dros y canrifoedd, tan iddi gael ei hailadeiladu'n llwyr yn y ddeuddegfed ganrif gan y Pab Innocent II (y *mosaics* ysblennydd o'r cyfnod yna yw hynodrwydd mwya'r eglwys erbyn hyn). Yn gyferbyniad i'r düwch oddi mewn, mae'r lluniau yma sy'n arddangos coroni'r Forwyn Fair, ac Esiah a Jeremiah, yn pefrio. Mewn gwlad lle mae 'na rywbeth i ryfeddu ato bob hanner can llath mae Eglwys Santa Maria yn neilltuol. Y portico ar flaen yr eglwys sy'n wynebu'r sgwâr yw'r darn mwyaf diweddar o'r adeilad, a godwyd yn y bedwaredd ganrif ar bymtheg. O dan gysgod hwnnw mae darnau o'r hen adeiladwaith, o'r mileniwm cyntaf, a ddaeth i'r golwg yn ystod yr ail-godi.

Manylion teithio: gweler rhif 36.

38. Y Pantheon, Rhufain

Y Pantheon yw'r hen adeilad mwyaf safonol, o safbwynt ei gyflwr, yn Rhufain. Adeiladwyd yr adeilad gwreiddiol gan Agrippa yng nghyfnod Awgwstws Cesar (cyfnod geni Iesu Grist), ond mae'r adeilad presennol yn deillio o ddechrau'r ail ganrif, o gyfnod Hadrian. Wedi torri'i

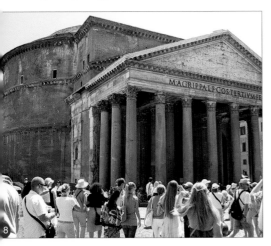

ddannedd ar dipyn o wal yng ngogledd Lloegr fe fentrodd ar brosiect tipyn mwy arloesol. Mae e'n arloesol hyd heddiw!

Ry'n ni i gyd yn ymwybodol o gyfraniad y Rhufeiniaid i'n bywydau cyfoes ni heddiw. O wres canolog i heolydd syth, ac yn y blaen. Y Rhufeiniaid ddaeth â brics i Brydain am y tro cyntaf, pan nad oedd y dechnoleg o grasu brics yn rhan o ddiwylliant Prydain. Dyfeisiodd y Rhufeiniaid fath o goncrit hefyd, a dyna yw prif nodwedd yr adeilad ysblennydd hwn. Rwy'n gwybod 'mod i mewn peryg o golli tri chwarter ohonoch chi drwy ddweud hynny, ond mae'n rhaid i chi gofio bod y concrit yma yn agos i fod yn ddeunaw can mlwydd oed. Petai e mewn lwmp ar y llawr fe fydde fe'n ddigon o ryfeddod – ond dyna yw gwneuthuriad to y Pantheon. Y gromen fwyaf o goncrit (heb unrhyw strwythur mewnol i'w chryfhau) i'w gweld yn y byd. Os oes gyda ni adeilad yng Nghymru gafodd ei adeiladu cyn yr unfed ganrif ar ddeg, wedwn ni, 'wy ddim yn gwybod amdano fe. Dyma i chi bensaernïaeth chwyldroadol, o gyfnod pan oedd y rhai mwyaf lwcus ohonon ni yn byw mewn ogofâu. Petai'r to i gyd o'r un trwch fe fydde fe'n llawer rhy drwm, a chan nad oes strwythur gweledol i'w atgyfnerthu, roedd angen bod yn fwy dyfeisgar. Oes, mae 'na frics yn cryfhau'r to, ond nid dyna yw'r prif ryfeddod. Tu mewn i'r adeilad fe welwch chi fod cyfres o gilfachau hirsgwar wedi eu naddu yn y nenfwd, er mwyn gwneud y to yn ysgafnach. Mae trwch y to hefyd yn teneuo tua'r canol. Ac yn goron ar y cyfan, mae twll crwn (*oculus* yw'r term Saesneg amdano) yng nghanol y to, sy'n gadael i'r glaw ddod mewn pan mae'n bwrw, a cholofn swmpus o olau naturiol yn ogystal. Beth bynnag arall wnewch chi tra ydych yn Rhufain (ac mae yma ormod i'w weld, mewn gwirionedd), dyle'r Pantheon fod yn uchel iawn ar eich rhestr.

Manylion teithio: gweler rhif 36.

39. Ffatri Fiat Turin

Mae'r ffatri Fiat enwog yn ardal Lingotto o'r dref. Yn aml fe gewch chi artistiaid sy'n enwog am un darn o waith yn unig, fel 'taen nhw wedi cronni eu holl weithgaredd a'u creadigrwydd ar gyfer un fenter fawr. Gŵr felly oedd y pensaer Mattè Trucco. Dyma oedd ei awr fawr. Cyn

hynny roedd wedi cynllunio unedau gwaith di-nod, ond drwy ei gysylltiad â Fiat cafodd gynnig cynllunio'r ffatri newydd. Dechreuwyd ar y gwaith o'i hadeiladu yn 1916, ac fe agorodd am y tro cynta yn 1923. Pan orffennodd Trucco yr adeilad cafodd glod rhyngwladol am ei gynllun chwyldroadol gan rhai o fawrion y byd pensaernïol, Le Corbusier yn eu plith.

Mae'r ffatri yn hanner cilomedr o hyd ac yn bum llawr, ac i goroni'r cyfan, roedd

cylch profi ceir y cwmni ar ben y to. Mae'r cynllun yn un modiwlar â ffram *mesh* fodern a ffenestri mawr, ac roedd y llinell gynhyrchu yn codi o lawr i lawr drwy gymorth dwy ramp gylchog y tu mewn i'r adeilad. Fel hyn, roedd y deunydd crai yn dod mewn drwy'r gwaelod ac yn cwblhau ei daith fel ceir gorffenedig ar y to lle bydde pob car yn cael eu profi o gwmpas y syrcit cyn cael eu gyrru lawr yr ail ramp. Defnyddiwyd y cylch ar y to i ffilmio golygfa ar gyfer *The Italian Job* – ac ar y pryd, roedd y ffatri'n dal i gynhyrchu ceir. Rhoddwyd y gorau i gynhyrchu ar ddechrau'r wythdegau, pan farnwyd fod strwythur yr adeilad yn cyfyngu gormod ar y broses o gynhyrchu erbyn hynny. Oherwydd bod trigolion Lingotto wedi cymryd at yr adeilad yma ers iddo gael ei godi, doedd dim siawns y bydde unrhyw un yn caniatáu iddo gael ei ddymchwel. Ail-gynlluniwyd yr adeilad yn fewnol gan Renzo Piano, ac mae ynddo erbyn hyn westy (sydd â glanfa i hofrennydd ar y to), canolfan siopa a theatr; mae canolfan gynadledda a rhan o adran beirianyddol y Brifysgol yno, ac ar y llawr gwaelod mae cylch sglefrio iâ a godwyd ar gyfer Gemau Olympaidd y Gaeaf yn Turin. Mae posib ymweld â'r to, ond dyw gyrru o gwmpas y syrcit bellach ddim yn bosib. Ond pwy a ŵyr ... beicio, falle?

Maes awyr agosaf: Turin. Hedfan o Gaerdydd i Milan gyda Flybe, trên o Milan i Turin (tua awr a chwarter o ganol Milan); hedfan o Fryste gyda KLM a newid yn Amsterdam; hedfan o Lerpwl gyda Blue Air gan newid yn Rhufain. Mae Ryanair a Blue Air yn hedfan yn syth o Stansted; KLM ac Air France yn syth o Heathrow a BA o Gatwick.

Trên: St Pancras yn Llundain i Paris Gare du Nord am 09.24, newid gorsaf i Paris Gare de Lyon (bydd digon o amser i wneud hyn). Gadael Gare de Lyon am 14.41 a chyrraedd Torino Porta Susa am 20.18.

Gyrru: O Calais, yr A26 i gyfeiriad Arras, Ymlaen i Reims, Troyes, i Dijon. Ymuno â'r A39, ac yna ymuno â'r A40. Dilyn arwyddion i Milan, Annecy, Geneva, Oyonnax; yn Saint-Gervais-les-Bains, ymuno â'r N205 drwy'r twnnel o Chamonix i Courmayeur, ymlaen ar yr SS26/E25 i Aosta ac ymlaen E612 lawr i Turin. Tua deg awr o Calais, tua 1,000 km.

40. Santa Marie della Grazie, Milan (Lleoliad 'Y Swper Olaf' gan Leonardo da Vinci)

Tydw i ddim yn un am drio paru pob paentiad ag un o ganeuon Dafydd Iwan, ond petawn i, yr un mwyaf addas yma falle, fydde 'Yma o hyd'. Er gwaetha pawb a phopeth ... bum can mlynedd a mwy yn ddiweddarch, mae e'n dal i fod yma. Fe sylwodd un arbenigwr celf yn ddiweddar fod atgyweiriwr wedi newid siâp llewys yr Iesu o'r gwreiddiol, gan awgrymu bod, erbyn hyn, gwestiwn ynglŷn â phurdeb gweledigaeth derfynol Leonardo. Wedi pum canrif a mwy o 'ymyrraeth' yn enw cadwraeth, bach iawn, weden i, o weledigaeth Leonardo sydd ar ôl. Mae'r bai yn rhannol ar Leonardo ei hun. O ddyn a ystyrir yn athrylith, sut yn y byd nad oedd e'n gwybod nad yw dŵr ac olew yn cymysgu? Roedd *frescos* y cyfnod fel arfer yn cael eu peintio â dyfrlliw ar blaster gwlyb, ac wrth i'r plaster sychu roedd y lliw yn cael ei selio i'r wal. Fe beintiodd Leonardo 'Y Swper Olaf' gydag olew, ar wal eglwys oedd eisoes yn damp. Roedd y llun, felly, wedi dechrau dirywio cyn iddo farw. Yr unig reswm ry'n ni'n gwybod sut lun yn union oedd y gwreiddiol yw bod un o ddisgyblion Leonardo, sef Giampietrino, wedi gwneud copi ohono ugain mlynedd ar ôl iddo gael ei gwblhau. (Mae copi Giampietrino yn yr Academi Frenhinol yn Llundain.) Mae'r copi, wrth gwrs, yn dangos yr holl fanylion bach arwyddocaol sydd eisoes wedi diflannu o dan haenau o waith atgyweiriol. Fel yr halen wedi'i dollti wrth ymyl Jiwdas fel arwydd o'i frad. Ond nid dyna pam ddylech chi fynd i edrych ar y llun yma. Mae e fel mynd i weld cerddor enwog yn perfformio yn ei henaint eitha. Dy'ch chi ddim yn disgwyl perffformiad cywir,

caboledig. Mae'r pleser i'w gael o gofio ei hanes, a'i gyfraniad. Felly hefyd y llun yma. Bydd yn rhaid i chi fwcio o flaen llaw gan ei fod e'n boblogaidd iawn.

✈ *Maes awyr agosaf: Milan Bergamo (sef trydydd maes awyr Milan), neu Milan Malpensa. Gellir hedfan o Gaerdydd i Malpensa heb newid, ac ar Flybe yn rhad iawn. O Bristol i Milan Bergamo – eto rhad fel baw ar Ryanair. Blue Air yn syth ac yn rhad o Lerpwl.*

▣ *Trên: O St Pancras, Llundain, i Paris Gare du Nord. Mae'r cam cyntaf yma yn gyffredin i ba bynnag ffordd yr ewch chi yn eich blaen. Mae posib mynd drwy Lyon a Chambery cyn croesi'r ffin i Turin ac yna draw i Milan, ond mae'r daith drwy'r Swistir hefyd yn hyfryd. Felly o Gare du Nord i Gare de L'Est, taith gerdded fer. Trên TGV i gyfeiriad Munich a gadael y trên yn Strasbourg. O Strasbourg i Offenburg ac o Offenburg i Basel. Flixbus cyflym drwy'r Swistir i Milan. Neu gallwch ddal trên yn syth o Basel i Milano Centrale, sydd ond rhyw awr yn gynt na'r bws, ond bydd e'n ddrutach.*

�car *Gyrru: O Calais, yr A26 i gyfeiriad Arras. Ymlaen i Reims, Troyes, i Dijon.*

Ymuno â'r A39, ac yna ymuno â'r A40, dilyn arwyddion i Milan, Annecy, Geneva, Oyannax. Yn Saint-Gervais-les-Bains, ymuno â'r N205 drwy'r twnnel o Chamonix i Courmayeur, ymlaen ar yr SS26/E25 i Aosta ac aros ar yr A25 lawr i Santhia cyn ymuno â'r A4 yr holl ffordd i Milan.

41. San Vigilio, y Tyrol, gogledd yr Eidal

Ry'n ni gyd yn gwybod mai'r *Zipwire* hiraf a'r gyflymaf yn Ewrop yw'r un ar draws chwarel y Penrhyn ym Methesda. Mae e'n fater o falchder cenedlaethol. Ond fydd y gwir *adrenaline junky* ddim yn hapus heb iddo gwblhau 'casgliad' San Vigilio yn yr Eidal. Nid y cyflymaf na'r hiraf, ond 'Y Mwyaf'. Dyw hynny ddim yn fanwl gywir chwaith – er mai ond un llinell yw un Bethesda, mae 'na ddeg yn St Vigilio, i gyd wedi'u cysylltu. Dyna'r cyfiawnhad am y teitl 'Y Mwyaf', ac mae'r ddwy filltir o wifrau yn cymryd rhyw awr a hanner i'w cwblhau. Digon o destosteron i dyfu barf cyfan. Mae rhai o'r deg yn hedfan drwy goedwigoedd, eraill ar draws dyffrynnoedd agored (dyna'r darnau lle bydde trowsus *corduroy* brown yn handi), a rhai darnau yn wirioneddol serth a chyflym. Os gallwch chi dynnu'ch sylw oddi wrth y ffaith eich bod chi mewn perygl o farw, mae'r golygfeydd yn ysblennydd – a chan ein bod ni ym mherfeddion y Tyrol, rwy'n amau na fyddan nhw'n rhedeg yn y gaeaf. Eistedd mewn harnes fyddwch chi, nid hongian o dan y wifr fel y bysech chi ym Methesda.

Maes awyr agosaf: Fenis. Mae'n bosib hedfan o Gaerdydd i Fenis gydag Easyjet/Vueling ond mae'n rhaid newid yn Charles de Gaulle, Paris. O Fryste gyda Ryanair yn rhatach nag aros adre. Bydd angen gyrru gweddill y ffordd, tua tair awr o faes awyr Fenis i San Vigilio di Marebbe, yng ngogledd y Tyrol.

Trên: O St Pancras, Llundain; trên 07.55 i Gare du Nord, Paris. Newid gorsaf i Paris Lyon a dal y trên 12.23 i Zurich, sy'n cyrraedd Zurich am 16.26. Mae digon o amser i chi rhoi eich traed lan a chael chwpwl o shandies yno, cyn dal y trên i Innsbruck am 18.40, sy'n cyrraedd am 22.14. Mae'n daith mewn car o awr a thri chwarter o Innsbruck i San Vigilio di Marebbe, sy'n mynd â chi drwy'r enwog Brenner Pass, ond fe fydd hi'n rhy hwyr i chi weld yr olygfa, yn anffodus.

Gyrru: O Calais ar yr A26 i Reims, ar A4 i Metz a chario mlaen ar yr A4 i gyfeiriad Strasbourg. Cyn cyrraedd, troi am y gogledd ar yr A35. Troi i'r dde dros y Rhine i ymuno â'r A5 i gyfeiriad Karlsruhe, ond troi gyda'r A8 ger Ettlingen i gyfeiriad Pforzheim, Stuttgart ac Ulm. Mae'r heol yn ymuno â'r A7, ac arhoswch ar yr A7 nes iddi newid i'r 179 i'r de o Schwangau ar y ffin ag Awstria. Aros ar yr 179 drwy Heiterwang a Wengle a Fernpass tan iddi ymuno â'r 189. Dilyn yr 189 i Telfs ac ymuno â'r A12 yr holl ffordd i Innsbruck. Mae'n awr a thri chwarter o Innsbruck i San Vigilio di Marebbe, ar hyd yr A12/A13, yr holl ffordd i'r ffin. Triwch yrru drwy'r Brenner Pass yng ngolau ddydd er mwyn i chi weld yr olygfa, ac yna ymlaen ar yr A22/SS12 ac yna'r E66/SS49, wedyn yr SS244, a throi yn Longega am San Vigilio.

41. San Vigilio

42. Amgueddfa KGB, Tallinn

Mae Estonia, fel Lithwania a Latfia, wedi diodde tipyn o dan lach yr Undeb Sofietaidd, fel dyrnaid o wledydd gwahanol ar 'un o ffiniau llai diddorol Ewrop'. I'n llygaid mewnblyg ni, bu'n anodd gwahaniaethu rhwng unrhyw un o'r dair gwlad tan yn ddiweddar, er nad yw Estonia yn perthyn i Lithwania na Latfia – os rhywbeth, mae gwŷr Estonia yn debycach i'r Ffiniaid a'r Hwngariaid. Dyw caledi, nac ychwaith 'brwtaliaeth' bensaernïol y cyfnod Sofietaidd, wedi amharu dim ar harddwch hen dref Tallinn, sydd erbyn hyn yn safle Unesco. Dyw'r ddelwedd dlodaidd sydd gyda ni o Estonia ddim yn gywir chwaith. Falle bod agweddau o'r wlad a allai elwa o ychydig o sylw – heolydd, adeiladwaith ac ati – ond Estonia yw un o'r gwledydd mwyaf datblygedig yn Ewrop. Gan mai yma mae cartref Skype, fyddwch chi ddim yn crwydro'r strydoedd yn chwilio am signal, gan fod *wi-fi* rhad ac am ddim ledled y wlad. Er nad yw hynny'n hanfodol i wyliau perffaith, pan nad yw e ar gael fe synnech chi faint o amser ry'ch chi'n ei wastraffu'n chwilio amdano.

Technoleg yw pwnc eich stop cynta yn Tallinn. Os arhoswch chi yn yr **Hotel Viru** (slabyn o fonstros-beth concrit a gwydr a godwyd yn y 1970au), gallwch ymweld ag Amgueddfa KGB y wlad, sydd ar y llawr uchaf. Dyna, mae'n debyg, ble oedd swyddfa wrando'r asiantaeth drwy'r Rhyfel Oer, ac roedd modd clustfeinio ar holl drigolion y gwesty. Mae'r offer gwrando i gyd yn dal i fod yno, yn union fel y gadawodd y Rwsiaid e ar ddechrau'r nawdegau. Chewch chi ddim gwell golygfa o'r dref, gyda llaw. Bydd yn rhaid i chi fynd i lobi'r gwesty i fwcio lle ar daith swyddogol.

Peidiwch â gadael Tallinn heb grwydro'r hen dref gaerog. Mae 'na fwytai a bariau gwahanol a safonol yno. Mae **Drakaan** yn far ac iddo thema ganoloesol yng nghornel yr hen wal, ac mae digonedd o fariau twristaidd prysur o fewn y waliau. Os ydych chi am brofiad tawelach, triwch **Noku** ar Pikk 5 (maen

Hi!
I'm in Hotel Viru and
the KG3 museum in

42. Tallinn

nhw hefyd yn gwneud bwyd. Diolch byth, mae poblogrwydd y ddinas yn gyrchfan i bartïon stag a phlu wedi tawelu cryn dipyn.

Maes awyr agosaf: Tallinn. Ryanair o Stansted yn rhad iawn, Easyjet ychydig yn ddrutach o Gatwick, a drutach fyth yw Air Baltic, hefyd o Gatwick.

Trên: Os wnewch chi adael St Pancras yn Llundain cyn unarddeg y bore gallwch gyrraedd Brwsel mewn pryd i ddal trên ymlaen i Cologne, a chyrraedd Hamburg erbyn chwarter wedi naw y nos. Aros dros nos yn Hamburg (mae digonedd o westai yn ardal gorsaf Hamburg Hauptbahnhof). Fore trannoeth, dal trên hanner awr wedi naw i Copenhagen. Dyma i chi brofiad sy'n prysur ddiflannu – yn ystod y daith i Copenhagen bydd y trên yn mynd ar y fferi rhwng Puttgarten yn yr Almaen a Rødby yn Denmarc. Bydd yn rhaid i chi adael eich sedd ar y trên a mynd i fyny i'r bad am hyd y fordaith (gallwch adael eich bagiau ar y trên). Ar ôl taith o bron i awr ar y dŵr, cewch fynd yn ôl i'ch sedd yn y trên a pharhau â'r daith gan gyrraedd Copenhagen erbyn pum munud ar hugain wedi dau y prynhawn. Mae'r daith o Copenhagen i Stockholm yn cynnwys un uchafbwynt arall, sef croesi pont Øresund, sy'n bont ac yn dwnnel, yn cysylltu Denmarc a Sweden (gweler rhif 29). Gwnewch yn siŵr eich bod yn mynd yng ngolau ddydd er mwyn i chi allu profi'r teimlad o hedfan ar wyneb y môr. Mae'r trên yn gadael Copenhagen am 16.20 ac yn cyrraedd Stockholm am ugain munud i ddeg y nos. Wedi cyrraedd Stockholm, er mwyn teithio ymlaen i Tallinn mae'n rhaid cyrraedd Värtahamnen. Drws nesa i'r brif orsaf reilffordd mae gorsaf fysiau Cityterminal. Mae bysiau yn gadael am chwarter i dri y prynhawn er mwyn cyrraedd Värtahamnen mewn pryd i ddal y fferi 17.30 i Tallinn dros nos, sy'n cyrraedd am 10.00 fore trannoeth. Y cwmni fferi yw Tallink. Mae'r cyfan yn ddrud, oni bai eich bod chi'n prynu tocyn aml-daith Ewropeaidd Interrail (ond bydd yn rhaid i chi dalu pris y fferi yn ychwanegol beth bynnag).

 Gyrru: Plis …?!

43. Kihnu

Mae ynys Kihnu yng ngwlf Estonia ar ochr orllewinol y wlad. Ac yma, does fawr ddim wedi newid ers dros ganrif. Y duedd yw i ddynion yr ynys droi at y môr am eu cynhaliaeth, gan adael y menywod i gynnal y bywyd traddodiadol – cymdeithas gwbwl fatriarchaidd i bob pwrpas. Mae hyn yn esbonio pam fod pob llun o drigolion yr ynys ond yn cynnwys merched, wedi eu gwisgo mewn dillad traddodiadol. Mae hyd yn oed eu hiaith nhw'n wahanol i weddill Estonia. Mae'n rhaid cyfadde mai'r hyn sydd wedi fy nenu i at yr ynys yma yn arbennig yw clip o ffilm weles i, o hen ferched mewn dillad lliwgar, pob un yn edrych fel mam-gu, yn rasio moto-beics a seidcars, eu cotiau *gaberdine* wedi'u cau i'r top a'u sgarffiau yn cyhwfan yn y gwynt. Pwy fydde ddim

isie gweld hynny? Mae tua chwe chant yn byw yno a chant o hen foto-beics o'r cyfnod Sofietaidd, sy hefyd yn cael eu cynnal a'u cadw gan y merched.

Mae posib cyrraedd yr ynys ar awyren neu fferi o Parnu, neu y daith fferi fyrraf o Munalaiu. (Yn y gaeaf pan mae'r môr yn rhewi mae'n bosib gyrru ar draws y môr. Nawr'te! Os dorrwch chi lawr fyddwch chi'n sicr o ffindo rhywun i drwsio'r cerbyd.) Gyda llaw, mae'r ynys hefyd yn encil i'r rheiny sy'n edrych am dawelwch … pan nad yw'r rasys yn cael eu cynnal, rwy'n tybio.

Manylion teithio: gweler rhif 42, ac yna bydd angen llogi car a gyrru i lawr heol 4/E67 heibio Haiba, Märjaama, Pärnu-Jaagupi, Kangru a Kurena i Nurme. Gallwch fynd yn eich blaen ar heol 4 a chroesi o Parnu, neu am daith fyrrach ar y môr, trowch yn Nurme i'r 102, yna yr 122, yr 104, 101, ac yn olaf yr 137 i borthladd Munalaid, i ddal y fferi i Kihnu. Drwy wneud hynny ry'ch chi'n arbed awr a hanner, mwy neu lai, ar y daith gyffelyb o Parnu.

44. Taith Gerdded Pensaernïaeth Helsinki

Dyw Helsinki ddim gyda'r pertaf o brifddinasoedd, ond os ystyriwch chi fod rhai o gynllunwyr mwyaf blaengar y byd yn dod o'r Ffindir, fe ddewch chi (gyda help canllaw pwrpasol) ar draws digonedd o enghreifftiau o gynllunio da – yn adeiladau, celfi, llestri, dillad a bwyd, hyd yn oed. Mae un cwmni yn trefnu gwibdaith dair awr o'r maes awyr o gwmpas deuddeg o uchafbwyntiau'r ddinas cyn mynd â chi yn ôl yno. Perffaith os oes ganddoch chi ryw bedair awr rhwng teithiau, neu os yw'ch ehediad wedi ei ohirio. Wrth reswm, os y'ch chi'n aros yn y ddinas bydd mwy o amser ganddoch i ddilyn llawlyfr.

Mae posib dysgu llawer am wlad drwy ei phensaernïaeth. Mae amryw o adeiladau Helsinki, er enghraifft, yn dod o gyfnod Art Nouveau y wlad. Mae'r fersiwn Ffineg yn drymach ei nodweddion, yn ymylu ar adegau ar fod yn Gothig, fel gorsaf reilffordd yn Helsinki, a gynlluniwyd gan Eliel Saarinen, un o gewri pensaernïaeth y Ffindir. Mae cryn debygrwydd yn y nodweddion i gynllun Percy Thomas ar gyfer Neuadd y Brangwyn, Abertawe, er i honno gael ei chodi dipyn yn ddiweddarach. Gallwch hefyd weld enghreifftiau o waith Alvar Aalto a'i wraig Aino, boed yn bensaernïaeth (**Neuadd Finlandia**), yn gelfi neu'n decstiliau. Ac fe gewch chi drafferth osgoi'r eglwysi a'r capeli.

Mae'r **Gadeirlan** ger yr harbwr yn wynnach na gwyn, ac yn osodiad trawiadol. Wedi'i gosod ar ben nifer o risiau carreg tywyll, mae digon o le gwag o'i chwmpas. O waelod y grisiau yn y sgwâr mae'r adeilad yn pefrio yn erbyn yr awyr las, ac mae'n hawdd gweld ei thyrau gwyn â'u capiau copr gwyrdd, wrth gyrraedd y ddinas o'r dŵr. Mae'r berthynas rhwng Rwsia a'r Ffindir yn un gymhleth. Roedd y Ffindir yn eiddo i Rwsia ychydig dros ganrif yn ôl, a dyna, mae'n debyg, sydd wrth wreiddyn y tebygrwydd rhwng yr Eglwys Gadeiriol yma ac Eglwys Gadeiriol St Petersberg,

44. Helsinki

Rwsia, dri chan cilomedr ar draws y dŵr.

Mae gosgeiddrwydd di-addurn yn perthyn i'r tu mewn. Os y'ch chi'n digwydd mynd yno o gwmpas y Nadolig, ceisiwch fynd i un o gyngherddau'r côr.

Mae **capel Kamppi**, ar y llaw arall, yn gwbwl fodern a chrwn fel ecob. Wedi ei greu o wahanol fathau o bren, mae'n gwbl ddi-addurn oddi mewn heblaw meinciau plaen o bren hyfryd (a wnaethpwyd, yn bwysig iawn o safbwynt y cynllun, o bren gwahanol i'r waliau). Capel Lutheraidd ydi o, ond mae ar agor i bawb.

Yn olaf, ewch i **Temppeliaukio**, neu Eglwys y Graig (gan ei bod hi wedi'i naddu o'r graig) sydd â tho modern crwn, a'i esgyll yn ymledu o'r canol o dan gromen fawr o gopr. Mae'r acwstig yn fendigedig.

Dyma i chi ddwy eglwys a chapel felly sy'n sgwrio'r 'Hel' allan o Helsinki. Fe allech chi eu hanwybyddu a chael cant a mil o brofiadau cofiadwy eraill, a derbyn bod yr arian gyda chi. Dyw'r Ffindir ddim yn wlad rad.

 Maes awyr agosaf: Helsinki. Mae hedfan o Gaerdydd a Bryste yn bosib, ond mae'n rhaid newid yn Amsterdam ac mae'n ddrud ac yn hir. Mae'n rhatach o lawer o Lerpwl, ond mae angen newid yma eto, ac mae'n cymryd drwy'r dydd. Ry'ch chi'n talu am gyflymdra o Fanceinion gyda British Airways yn syth i Helsinki. Mae'n bosib mynd yn rhatach o Fanceinion, ond mae'r teithiau yn hirach o lawer. Mae'r unig deithiau syth eraill yn mynd o Lundain – yn rhad gyda Norwegian o Gatwick ac yn ddrud o Heathrow gyda British Airways ... a Finnair, yn ddigon eironig.

 Trên: Anodd!

45. Ynysfor Turku

Ystyr y gair 'ynysfor' (*archipelago*) yw môr yn llawn o ynysoedd, ac ynysfor Turku yw'r helaethaf yn y byd, yn ôl y sôn, gyda chymaint ag 20,000 o ynysoedd. Does dim digon o flynyddoedd yn oes dyn i ymweld â nhw i gyd, ond gallwch ymweld â chryn dipyn ohonyn nhw. Fel mater o ffaith, mae cylchdaith sy'n mynd â chi o gwmpas yr ynysoedd, ar wahanol longau a thros bontydd, sy'n ddau gant a hanner o gilomedrau. Yn ôl y wefan, mae'n bosib gwneud y cyfan mewn un dydd. Mewn car, falle ... ond yr antur fwyaf fydde seiclo'r daith, ac aros ar ambell ynys cyn symud ymlaen i'r nesa. Mae 'da chi ddigon o ddewis.

Mae'r gylchdaith yn dechrau yn nhre Turku, ac ymlaen i Pargas, Nagu, Houtskär, Iniö, Taivassalo, Merimasku, ac yn ôl i Turku. Rwy'n gwybod nad yw'r enwau hynny yn golygu lot i chi, ond bydd yn rhaid i chi gymryd fy ngair i – mae'n daith wirioneddol hyfryd gyda thraethau bendigedig, bron dim traffig, a fawr ddim bryniau i'ch rhwystro chi rhag seiclo'n hamddenol ymlaen i'r ynys nesa. Mae opsiwn i wneud llai o seiclo, wrth reswm, drwy yrru i un o'r ynysoedd a llogi beic er mwyn gwneud rhan o'r daith.

Maes awyr agosaf: Turku. Mae'n bosib hedfan o Gaerdydd yn gymharol rad, gyda Flybe ac Air Baltic, ond mae'n rhaid newid yn Berlin a Riga felly mae'n rhaid neilltuo'r rhan fwyaf o'r dydd ar gyfer y daith yn unig. Mae'r un daith yn ddrutach o Fryste. O Lerpwl gyda Wizz Air ac airBaltic mae'n llawer rhatach, gydag ond un newid yn Riga, ond yn anffodus, oherwydd y newid, dyw'r daith ddim mymryn yn fyrrach na'r un o

Gaerdydd na Bryste. Os y'ch chi am y ffordd gyflymaf (er nad yw cweit mor rhad â'r daith o Lerpwl) mae'n rhaid mynd o Gatwick gydag airBaltic a newid yn Riga.

Trên: Mae'r trên yn iawn i Stockholm (gweler manylion teithio Stockholm, rhif 94). Bws o hynny ymlaen, neu logi car fydde hawsa, a dilyn y cyfarwyddiadau isod o Stockholm.

Gyrru: O Calais i Dunkirk ac ymlaen i Ghent ar yr E40, troi am Antwerp, E19 i Breda, yr A27/E311 i Utrecht, A28 i Amersfoort, A1/E30 yr holl ffordd i Osnabrück, heol 1/E47 o Osnabrück drwy Bremen, Hamburg, i Puttgarden yn Denmarc, am y fferi o Rødby, ac ymlaen i Copenhagen, newid i'r E20 er mwyn croesi pont Øresund i Malmö, yr E6 o Malmö i Helsingborg, a'r E4, yr holl ffordd drwy Jönköping, Linköping, Norrköping, Nyköping, i Södertälje, ac yna troi i'r E20 am yr ugain milltir ola i Stockholm. I'r gogledd o Stockholm, ar yr E18 drwy Solna, Brottby a Norrtälje, ag i Kapellskär, i ddal y fferi i Mariehamn ar Ynys Äland, gyrru i Långås i ddal y fferi i Turku, sy'n chwe awr arall. Mae e'n 29 awr o Calais a gwynt teg y tu ôl i chi.

46. Tŷ Elise, Llydaw

Mae Tŷ Elise, ym mhentre Plouyé yn Llydaw, rhyw 40km i'r de o Roscoff ac ychydig yn is na Huelgoat. Dyma deyrnas Bun – gŵr o Ferthyr yn wreiddiol, a briododd Elise. Mae e'n ŵr Celtaidd i'r carn, mae e'n siarad Cymraeg ac yn deall Llydaweg, ac mae'r dafarn yn gyrchfan i gantorion gwerin y gwledydd Celtaidd. Daeth Bun ar draws y dafarn a'i pherchennog, Elise, yn 1978, tra oedd ar daith gyda chriw o fechgyn o Ferthyr. Dychwelodd y gweddill ond fe arhosodd Bun, a chafodd blant gydag Elise cyn iddi ymadael gyda dyn arall. Digwyddiad

anffodus, falle, ond un sydd wedi rhyddhau Bun i lunio un o dafarndai mwyaf gwahanol Ewrop yn ôl ei safonau ei hun. Heb deils, carped na phren, mae'r llawr yn bridd caled. A'r jiwcbocs? Dyw 'amrywiol' ddim yn gwneud teilyngdod â'i gynnwys. Mae rhai caneuon gan artisitiaid sydd wedi perfformio yno (er na all Bun gadarnhau bod Maria Callas a Vera Lynn wedi picio mewn ryw dro). Mae'r waliau'n blastr o bosteri a barddoniaeth, er i amryw o hen ffotograffau fynd i fyny gyda'r fflamau mewn tân yn 2010. Englyn gan yr hybarch Aneurin Karadog yw'r diweddaraf:

Ein Caer uwch dyfroedd Ker Is yw fan hyn,
    Yfwn ni pawb megis
   Duwiau yn gwneud ein dewis,
   Awn ni at lan Tŷ Elise.

Mae'r croeso a'r awyrgylch mor gynnes â'r tân agored. Mae e'n lot o dafarn i'w wasgu i un ystafell, ond fe fydde'r profiad tipyn yn dlotach heb bresenoldeb Bun. Cwrw go iawn, gan gynnwys Coreff (cwrw Llydewig).

47. Colmar

Manylion teithio: dylai pob Cymro gwerth ei halen wybod sut i gyrraedd Llydaw.

47. Colmar

Mae Colmar yn un o'r trefi hynny sydd wedi bod yn forwyn i bawb. Yr hyn rwy'n ei olygu gan hynny yw ei bod yn rhy agos i'r ffin rhwng Ffrainc a'r Almaen. Oherwydd ei lleoliad mae wedi bod yn rhan o'r ddwy wlad ar achlysuron gwahanol, ac yn eiddo i Sweden, yn rhyfeddol, yn ystod Rhyfel y Deng Mlynedd ar Hugain. Mae'n syndod felly ei bod wedi llwyddo i gadw'i hynodrwydd pensaernïol, sy'n gymysgedd o gynlluniau Baroque Almaenig ac adeiladau ffrâm pren Ffrengig, er gwaetha'r holl ryfeloedd.

Mae Colmar yn cael ei chydnabod yn un o drefi prydferthaf Ffrainc. I'r dwyrain o ardal y Voseges, mae'n manteisio ar yr hinsawdd sych i greu gwinoedd enwog yr Alsace. Yn wir, Colmar yw canolfan cynhyrchu gwinoedd melys yr ardal, a dyw hi ddim yn syndod, felly, fod gŵyl win yno yn flynyddol ar ddechrau'r hydref. Os nad yw hynny'n ddigon o abwyd, yn **Amgueddfa Unterlinden** mae amryw o baneli gan Martin Schongauer, arlunydd lleol enwog o ail hanner y 15fed ganrif, yn ogystal â gweithiau llawer mwy diweddar gan Piccaso a Monet. O Colmar y daeth yr artist a greodd y Statue of Liberty, sef Frédéric Bartholdi, ac mae amgueddfa yma iddo yntau hefyd (mae enghraifft arall o'i waith, 'Y Llew', lawr yr heol yn Belfort), heb anghofio casgliad anferthol o *incunabula*, sef llyfrau wedi'u hargraffu (yn hytrach na'u sgrifennu â llaw) cyn troad yr 16eg ganrif, yn y llyfrgell leol. Mae pob un o'r rhain yn ddifyr, ond mae prydferthwch naturiol y dref yn unig yn ddigon o rheswm i'w chynnwys yma.

Maes awyr agosaf: Basel, Swistir. Gellir hedfan o Gaerdydd, Bryste a Lerpwl a newid yn Amsterdam (teithiau ychydig yn hirach a thipyn drutach). Ryanair yn syth i Basel heb newid o Stansted, ac Easyjet yn syth o Gatwick. Gallwch hedfan o Faes Awyr Dinas Llundain yn syth i Bern, ond mae'r daith y pen arall yn hirach (mae bws o Bern i Colmar yn ddwy awr).

Trên: O St Pancras, Llundain, i Paris Gare du Nord. Newid gorsaf i'r Gare de l'Est, sef taith gerdded o rhyw ddeng munud. Trên TGV i gyfeiriad Munich o Gare de l'Est. Gadel y trên yn Strasbourg, a newid i'r TER i St Louis (Haut-Rhin). Gadael y trên yn Colmar.

Gyrru: o Calais ar yr A26 i gyfeiriad Arras a pharhau i'w dilyn lawr i Reims, yr A4 o gwmpas y dref ac allan i'r de cyn ymuno â'r N135 yn St-Etienne-au-Temple i Brabant-le-Roi a'r tu hwnt. Wedi cyrraedd Ligny-en-Barrois, troi i'r dwyrain ar yr N4 sy'n troi yn A31 cyn cyrraedd Nancy. Yr A33/N333 o gwmpas Nancy, cyn troi i'r N59/N159 ac aros arno mor bell a Sélestat. Wedyn ymuno â'r N83/E25 i Colmar.

48. Eglwys Notre Dame du Haut, Ronchamp

Mae Ronchamp yn ardal Haute-Saône, yn ne-ddwyrain Ffrainc. Cafodd yr eglwys hon, campwaith y pensaer Le Corbusier, ei chwblhau yn 1955. Roedd Le Corbusier yn enwog am ei gynlluniau syml, modern, peirianyddol – hynny yw, dim byd tebyg i'r hyn a welir yma.

Wedi'i gosod ar fryn uwchben pentref Ronchamp, mae'r eglwys yn edrych fel rhyw fath o fadarchen goncrit. Mae'n bosib y byddwch yn gallu ei gweld o bell gan fod y muriau trwchus gwyn yn dal yr haul – ac fe fyddwch chi'n gwybod mai'r eglwys yw hi, achos does dim byd arall yn debyg iddi. Mae'n osodiad cyhyrog ac eto'n chwareus, ac ysgafn ei chynllun. Mae'n syndod pa mor fach yw hi oddi mewn, ac mae yno naws dawel, dangnefeddus. Does dim byd yn ymffrostgar amdani, ac er mwyn ychwanegu at yr awyrgylch mae'r pensaer wedi cynllunio'r ffenestri lleia bosib, o wydr lliwgar. Yng ngolau'r haul maen nhw'n pefrio fel gleiniau, ac yn llenwi'r eglwys â lliw. Mae'r pulpudau oddi mewn ac allan (gan fod posib cynnal gwasanaethau y tu allan ar y lawnt hefyd) yn rhan o'r strwythur concrit, bron fel 'taen nhw wedi eu naddu, ynghyd â'r adeilad, o un bloc anferth o garreg wen.

Ewch â phicnic gyda chi gan fod golygfeydd bendigedig i bob cyfeiriad, ac yn sicr, fyddwch chi ddim eisiau gadael ar hast. Mae'r awyrgylch yn fendithiol i'r Cristion a'r anffyddiwr fel ei gilydd. Lle i enaid gael llonydd, os oes ganddoch chi un ai peidio.

Maes awyr agosaf: Basel, y Swistir. Mae'n bosib hedfan gyda KLM/Air France o Gaerdydd a newid yn Amsterdam, sy'n daith chydig yn hir. Gellir hedfan o Fryste hefyd a newid yn Amsterdam. Felly hefyd o Lerpwl. Neu yn syth o Stansted i Basel ar Ryanair, ac yn syth o Gatwick ar Easyjet. Mae Colmar yn daith fws o ryw awr o faes awyr Basel. Mae Bern yn opsiwn arall o Faes Awyr y Ddinas, Llundain, ond mae'r daith o Bern i Colmar ddwywaith mor hir (dwy awr).

Trên: O St Pancras, Llundain, i Gare du Nord. Newid i Gare de l'Est (taith gerdded ddeng munud). Trên Intercites i Belfort-Ville. Newid yn Belfort-Ville. Trên TER i gyfeiriad Vesoul; gadael y trên yn Gare de Ronchamp.

Gyrru: O Calais, dilyn yr A26 allan i gyferiaid Arras ac aros arni hyd at Reims. Cymryd yr A4 o gwmpas gwaelod y dref cyn ymuno â'r N135 yn Saint-Étienne-au-Temple am Brabant-le-Roi a'r tu hwnt. Wedi cyrraedd Ligny-en-Barrois, troi ar yr A4 i gyfeiriad Nancy (mae rhif yr heol yn newid i'r A31 cyn cyrraedd Nancy). Ymunwch â'r A33 i fynd o gwmpas gwaelod Nancy, fel petai, ac ymlaen ar yr A333/E23 yr holl ffordd i Ronchamp.

49. Catacoombs, Paris

I'r bobol hynny sy'n meddwl eu bod nhw wedi gweld popeth sydd gan Baris i'w gynnig, hoffwn eich cyfeirio i'r is-fyd. Am chwe chant a hanner o flynyddoedd roedd meirwon canol dinas Paris yn cael eu claddu ym mynwent St Innocents, nid nepell o Les Halles. Erbyn ail hanner y ddeunawfed ganrif roedd cyflwr y fynwent yn helbulus, ei hochrau'n gwegian ac esgyrn moel a phenglogau yn gwthio i fyny drwy wyneb y ddaear. Doedd dim i'w wneud ond ei symud, a'r lle mwyaf cyfleus (a diolch i'r Iôr, roedd digon ohono) oedd yr hen chwareli o dan y ddinas. Credwch neu beidio, mae cannoedd o hen chwareli o dan ddinas Paris, llawer ohonyn nhw wedi'u cysylltu â'i gilydd. Yn wir, mae'r strydoedd i gyd, bron, o Notre Dame i'r de, wedi'u hadeiladu ar ben chwareli, a'u hadeiladau wedi'u codi gyda'r calchfaen a ddaeth allan ohonynt. Cynnyrch arall y chwareli oedd gypsum, a ddefnyddiwyd i wneud plaster – Plaster of Paris. Welsoch chi 'mo honna'n dod, fentra i. Mae mynd i'r twneli yma yn anghyfreithlon, er bod rhai yn gwneud hynny (yn ôl y sôn, mae'n ddigon hawdd dod o hyd i rywun sy'n nabod rhywun, ac yn y blaen, os mai dyna'ch dymuniad. Gwnewch yn siŵr fod y tywysydd yn brofiadol – mae'r chwareli a'r twneli cysylltu yn ymestyn i 200km, a dyw'r Sat-nav ddim yn gweithio dan ddaear.) Gallwch ymweld â'r fynwent danddaearol, (sydd ond yn 1.7km) yn

gyfreithlon, ac mae gwefan swyddogol yn cynnig nifer o deithiau gwahanol â thywysydd. Rhybudd o flaen llaw: dyw'r cyrff ddim wedi cael eu claddu'n ffurfiol. Pan godwyd nhw o'r fynwent wreiddiol, dim ond esgyrn moel oedd ar ôl, heb unrhyw gofnod dibynadwy o bwy a gladdwyd yno. Felly mae'r esgyrn wedi'u pentyrru'n dwt ar hyd coridorau'r hen chwarel, a phenglogau mewn rhesi rhwng yr esgyrn llai. Mwynhewch.

Mynediad: cysylltwch â'r wefan swyddogol, www.catacombs.paris/fr. Ddim ar agor ar ddydd Llun.

✈ *Maes awyr agosaf: Orly, Paris / Charles de Gaulle, Paris. Mae modd hedfan o Gaerdydd, Bryste, neu Lerpwl.*

🚆 *Trên: St Pancras, Llundain, i Gare du Nord, Paris. Dwy awr a chwarter.*

50. Traphont Millau-haut, Languedoc

Allwch chi ddim dweud yn aml bod dyn wedi ychwanegu rhywbeth anferthol i'r greadigaeth, a'i gyfoethogi. Mae'r draphont yma yn un o'r creadigaethau hynny – yn pontio dyffryn cyfan, yn ddwy gilomedr o hyd ac yn uwch na thŵr Eiffel.

49

Dyw hi ond yn cyffwrdd â llawr y dyffryn saith o weithiau. Mae ei gwneuthuriad mor gynnil fel ei bod hi'n hedfan fel rhuban gwyn, yn syth dros harddwch naturiol y dyffryn. Mae'r A75, y 'Meridienne' o Clermont-Ferrand i Béziers, yn mynd drosti. Stopiwch ar yr ochr ogleddol yn y ganolfan dwristiaeth, lle cewch olygfeydd godidog ar draws dyffryn afon Tarn, a phryd o fwyd cofiadwy. Tra byddwch chi yno gwnewch y gorau o'r cyfle i brynu mêl a chaws Roquefort lleol. Maen nhw'n cymryd eu bwyd o ddifrif yn yr ardal yma. Llosgwyd y McDonalds yn Millau yn ulw.

Maes awyr agosaf: Montpellier.

Gyrru: I werthfawrogi'r daith i'r eithaf, mae'n rhaid gyrru. Dyma'r heol rataf a'r lleiaf prysur o Baris i Fôr y Canoldir. O Calais i'r Périfériqe ym Mharis (fersiwn Paris o'r M25 yw hwnnw, dim ond 'i fod e ychydig yn fwy gwallgo), troi i Orleans ar yr A10, ymlaen ar yr A71 i Clermont-Ferrand a'r A75 o fanno i gyfeiriad Beziers.

51. Ouvrage Hackenberg / Llinell y Maginot, Thionville

Yn dilyn y Rhyfel Byd Cyntaf, y teimlad ymhlith y Ffrancwyr oedd na ddyle Ffrainc ddioddef yn yr un modd byth eto, ac y dylai'r wlad amddiffyn ei hun. Roedd rhai, fel Charles de Gaulle, yn ffafrio safbwynt llawer mwy gelyniaethus, ond yn y pen draw penderfynwyd adeiladu amddiffynfeydd mor swmpus a chyhyrog fel na fydde'r Almaen yn meddwl ymosod ar y wlad eto. Aethpwyd ati i godi rhes o gestyll concrit rhannol-danddaearol oedd yn ymestyn o'r ffin â'r Swistir i Lwcsembwrg. Ac er mor soffistigedig oedd cynllun mewnol y mur hwn, a'i lefelau gwahanol a threnau tanddaearol yn mynd o un Bastion i'r llall, roedd y syniad o rwystr ar ffurf rhyw fath o lenfur, yn erbyn holl rym lluoedd yr Almaen, yn chwerthinllyd. Mae talpiau helaeth ohono'n dal yn gyfan, a hynny'n dyst i wneuthuriad Llinell y Maginot a pha mor gyflym yr aeth byddinoedd yr Almaen o'i gwmpas yn ystod y Blitzkreig.

Yn **Thionville**, sydd i'r de o Lwcsembwrg ac i'r gogledd o Metz, mae posib ymweld ag un o'r 'cestyll' yma, sef

Ouvrage Hackenberg, a theithio lawr i'r lefelau is, lle roedd y trenau, yr ysbyty a'r barics. Nodwedd hynotaf y safle hwn yn Thionville yw bod y rhan fwyaf o'r peiriannau yno yn dal i weithio. Dim ond un daith y dydd sydd ym mhob iaith, felly bydd yn rhaid i chi fwcio o flaen llaw. Mae'r daith yn cymryd rhyw ddwy awr a hanner, a gwnewch yn siŵr eich bod yn gwisgo dillad cynnes. Mae'n oer o dan y ddaear. Mae amryw o safleoedd eraill yn bodoli, ond mae hwn yn un arbennig o gynhwysfawr.

 Maes awyr agosaf: Lwcsembwrg. Ryanair o Stansted yn syth heb newid i Lwcsembwrg. Felly hefyd Easyjet o Gatwick, ac AirFrance o Heathrow. Neu British Airways o Fanceinion a newid yn Heathrow.

Trên: O St Pancras, Llundain, i Gare du Nord. Newid i'r Gare de L'Est. Dal y TGV i Lwcsembwrg. Gadael y trên yn Thionville.

Gyrru: O Calais ar yr A26 i Arras a dal arni i Reims, yna yr A4 i Metz cyn troi i'r gogledd ar yr A31 am Thionville.

52. Gwesty'r Athens Gate, Athen

Mae bron yn anfoesol i beidio ymweld â'r **Acropolis** tra byddwch yn Athen, a thynnu llun ohonoch eich hun yno. Fe welwch chi hefyd, yn amgueddfa'r Acropolis, fod llefydd gwag ar y wal, yn barod am Farblis Elgin (cerfluniau marmor a ddygwyd o Athen) os byth y dôn nhw'n ôl. Dyna i chi ffydd. Ond os y'ch chi am weld yr olygfa orau o'r Acropolis ewch i'r Athens Gate Hotel. Mae yno deras ar y to lle gallwch chi archebu diod, ac mae'r staff yn ddigon croesawgar.

Fel amryw o leoliadau hanesyddol o gwmpas y byd, mae Athen yn gyforiog o adfeilion o wahanol gyfnodau, sy'n rhoi awgrym i ni o bwrpas neu fawredd yr adeiladau, pan oedden nhw'n gyfan.

 *Maes awyr agosaf: Athen. Mae posib mynd o Gaerdydd gan newid ym Mharis, ond mae'n cymryd drwy'r dydd. Mae mynd o Fryste ar Easyjet/Alitalia yn rhatach, os y'ch chi am weld y rhan fwyaf o Ewrop drwy ffenest awyren, ac mae'n rhaid newid yn Geneva am Fiumicino yn Rhufain, cyn hedfan ymlaen i Athen. Yr un yw'r stori o Lerpwl. Mae sawl cwmni yn hedfan yn syth o Fanceinion i Athen – Easyjet yw'r rhataf. Gallwch fynd o Birmingham gydag Air France yn rhad, gan newid ym Mharis (lle cewch noson a'r rhan fwyaf o'r diwrnod canlynol yn y brifddinas), cyn hedfan ymlaen i Athen eto, ar Air France. Neu hedfan ag Easyjet o Gatwick yn syth i Athen, neu ar Ryanair o Stansted, mewn ychydig dros dair awr a hanner.*

🚆 *Trên: O St Pancras yn Llundain i Paris Gare du Nord. Newid i Gare de Lyon (dau stop ar linell RER D.) Trên o Gare de Lyon i Milan Porta Garibaldi. Aros dros nos ym Milan. Bore trannoeth, dal y Frecciabianca o Milan Centrale (nid Porta Garibaldi) i Bari – bron i wyth awr o daith o un pen y wlad i'r llall. Byddwch yno mewn da bryd i ddal y fferi dros nos o Bari i Patras yn Groeg. Wedi cyrraedd y pen arall, bydd angen i chi ddal bws o'r harbwr i'r orsaf fysiau, a bws ymlaen i Kiato (mae un yn mynd bob awr) ger Corinth ar gyfer y trên i Athen, ac o fewn awr a hanner fe fyddwch chi yno.*

🚗 *Gyrru: Peidiwch â boddran.*

52. Gwesty'r Athens Gate

53. Teml Hephaestus

Yn wahanol i lawer o'r temlau eraill a godwyd yn y cyfnod, mae Teml Hephaestus (er nad yw mor fawreddog â'r gweddill) bron yn gyfan – yn bennaf oherwydd ei fod wedi cael ei ddefnyddio'n rheolaidd dros y canrifoedd, tan yn lled ddiweddar (y bedwaredd ganrif ar bymtheg). Felly mae'r ymwelydd yn cael gwell syniad o sut olwg oedd arno'n wreiddiol a pha ddefnydd a wnaed ohono.

Mae'r deml ar fryn yn ardal Agora o Athen. Codwyd, neu ail-godwyd, llawer o demlau Athena yn ystod cyfnod Pericles –

yn eu plith roedd y **Parthenon**, tua 450 cyn Crist. Y dvedd cyn hynny oedd peidio ail-godi'r temlau hynny a chwalwyd gan y Persiaid, ond yn hytrach eu cadw nhw'n adfeilion i atgoffa'r trigolion o'r erchyllterau a fu, a throi eu sylw tuag at bethau amgenach, fel masnach. O dan oruchwyliaeth Pericles dyma oedd oes aur Athena 'ddemocratig' – mae'n rhaid i ni gofio nad oedd Athen ar y pryd yn fawr mwy na Llambed, a democratiaeth gyfyng iawn oedd hi. Ond yn y gwagle a adawyd ar ôl Pericles, aeth sawl gafr drwy'r Acropolis. Erys Teml Hephaestus, fel yn wir y Parthenon, fel enghraifft o'r llewyrch a fu.

Manylion teithio: gweler rhif 52.

54. Bar Brettos, Athen

Tra byddwch yn ymlwybro ar hyd strydoedd cul ardal Plaka i'r Acropolis, mae'n werth taro i mewn i Bar Brettos, sef y bar a'r ddistyllfa hynaf yn Athen. Does dim esgus i beidio, mewn gwirionedd, gan fod rhyw fath o ddiod feddwol ar gael yma ar gyfer pob achlysur, ac ar unrhyw adeg o'r flwyddyn. Os nad y'ch chi wedi blasu

53

Ouzo, chewch chi ddim lle gwell i'w drio, gyda dwsinau o flasau gwahanol ar werth, a gwin a chwrw oer, heb sôn am wirodydd o bob lliw a llun. Mae 36 blas i gyd, a welwch chi mohonyn nhw yn unman arall. Gallwch brynu poteli ohonyn nhw i ddod adre gyda chi. (Ond gair o rybudd: fydd e byth yn blasu cystal mewn semi yn Llambed, nac yn unman arall.) Felly beth bynnag yw'r tywydd, os y'ch chi am gael rhywbeth i'ch cynhesu neu i'ch oeri, Brettos yw'r lle. Mae'r waliau wedi'u gorchuddio â silffoedd at y nenfwd yn llawn poteli lliwgar, fel gleiniau wedi'u goleuo, yn aros i chi eu darganfod. Mae e fel y siop losin fwyaf yn y byd i oedolion. Gwnewch yn siŵr eich bod wedi gweld holl drysorau'r ddinas hanesyddol hon *cyn* ymweld â Brettos, achos mae peryg na ddewch chi oddi yno mewn unrhyw stad i ddringo'r grisiau i'r Acropolis. Yr hyn sy'n hyfryd am y lle, er bod y perchnogion yn ymwybodol o'i enwogrwydd, yw bod pobol leol yn dal i'w ddefnyddio fel 'local'. Peidiwch â phoeni os na fyddwch chi'n gwybod lle i ddechrau, fe gewch chi arweiniad gan y staff cyfeillgar.

Manylion teithio: gweler rhif 52.

55. Pont Rio-Antirrio, Penrhyn Peloponnese

Mae Pont Rio-Antirrio, neu i roi ei enw swyddogol iddi, Pont Charilaos Trikoupis, yn nhref Rio, yn cysylltu pen pella Penrhyn Peloponnese â thir mawr Groeg. Dyma'r bont grog hiraf yn y byd, yn ôl y sôn. Mae Pont Millau-Haut yn ne Ffrainc yn hirach (rhif 50) ond dyw hi ddim yn gwbwl 'grog'. Mae'n pontio'n osgeiddig dros gulfor Corinth drwy gymorth pedwar tŵr sydd wedi eu gosod yn y môr. Gyrru drosti mae'r rhan fwyaf, ond mae posib cerdded ar ei thraws, ac mae lôn i feicwyr arni hefyd. Ond mynd oddi tani fydde'n

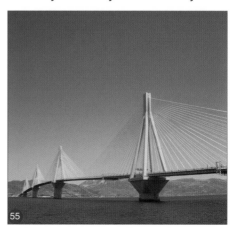
55

wych, ac ymlaen wedyn i ben pella'r cefnfor yn eich cwrwgl, neu gwch, neu ganŵ, i fwrw drwy gamlas Corinth – sianel o ddŵr ugain troedfedd o ddyfnder sy'n torri bron i ddiwrnod oddi ar yr amser mae'n ei gymryd i gyrraedd Athen o'r Eidal, ac sy'n gwneud penrhyn Peloponnese yn ynys, i bob pwrpas. Ry'ch chi'n siŵr o fod wedi gweld lluniau o longau mawr yn hwylio drwy'r rhych hwn o ddŵr, gyda modfeddi yn unig rhwng y llongau a'r lan y naill ochr a'r llall. Gallwch fynd â chwch hwylio drwy'r gamlas hefyd, dim ond i chi aros eich tro. Mae cychod mawrion yn cael blaenoriaeth, ac mae'n rhaid i chi drefnu o flaen llaw cyn i chi gyrraedd.

Manylion teithio: dilynwch y cyfarwyddiadau i Athen (rhif 52), yna dal trên o Athen i Kiota, bws o Kiota i Rio. Neu ar y trên a fferi i Patras a bws o Patras i Rio.

56. Epidaurus, Penrhyn Peloponnese

Mae Epidaurus, neu Epidawrws yn Gymraeg, yn awr mewn car i'r de o Gorinth ar arfordir ddwyreiniol y Peloponnese. Oherwydd y cysylltiad ag Ascelepius y Gwellhawr, mab y duw Apollo, daeth y rhan yma o Groeg yn enwog fel canolfan i drin y corff a'r ysbryd, a hynny chwe chanrif cyn Crist. Fel mae pobol yn mynd i Lourdes heddiw yn y gobaith o gael gwellhad, roedd yr hen Roegwyr yn mynd i Epidawrws. Wrth i rywun dreulio amser yn yr Asclepeion (teml gwellhad) byddai'r duw yn ymddangos iddo yn ei gwsg, gan ddweud pa foddion oedd ei angen arno i wella. Roedd hi'n amen arnoch chi 'taech chi ddim yn 'i weld e. Ond roedd tipyn o fynd ar y lle am ganrifoedd lawer, a pharhaodd pwysigrwydd y ganolfan iacháu i'r cyfnod Cristnogol. Mae yma ddigonedd o hanes, a digon o gerrig amrywiol i ryfeddu atyn nhw yn yr ardal – ond seren y sioe, heb ddim amheuaeth, yw'r theatr anferth dri-chwarter cylch oedd yn dal miloedd pan godwyd hi ... cyn i'r Rhufeiniad gyrraedd ac ychwanegu mwy o seddi! Cystal yw'r acwstics (diolch i natur y garreg, yn ôl y

sôn) maen nhw'n dal i gynnal sioeau yma hyd heddiw. Os fyddwch chi'n ddigon ffodus i ymweld yn hanner cyntaf mis Awst gallwch weld yr Ŵyl Ddrama flynyddol. Medea oedd eleni (2017) ac mae is-deitlau Saesneg i'r perfformiadau, gyda llaw, i'r rhai di-glem. Dyw e ddim yn ddrud chwaith. Er bod y theatr yn dal pedair mil ar ddeg, gwnewch yn siŵr eich bod yn bwcio ymlaen llaw. Mae'r wefan yn agor ym mis Mai:
www.greekfestival.gr/en/home

Manylion teithio: gweler Athen (rhif 52), yna trên i Corinth (Korinthos) a naill ai tacsi i Epidaurus, neu logi car yng Nghorinth.

57. Seler Rákóczi, Tokaj

Mae gwin Tokaj yn enwog ar draws y byd, a ddim ond i'w gael yn Hwngari. Yn ardal Tokaj, i fod yn fanwl gywir, tua tair awr i'r gogledd-ddwyrain o Budapest. Maen nhw wedi bod yn gwneud gwin ar raddfa fasnachol yn yr ardal hon ers yr unfed ganrif ar bymtheg (ardal sy'n ymestyn dros y ffin i Slofacia, gyda llaw) a bu cysylltiad agos dros y canrifoedd â theuluoedd bonheddig a brenhinol. *Bor* yw'r gair am win yn yr Hwngareg, a chan nad oes i'r gair gysylltiad Lladin, gallwn gymryd yn ganiataol bod gwreiddyn y gwinllanoedd hyn yn mynd yn ôl i oes cyn y Rhufeiniaid.

Yr hyn sy'n gwneud gwin Tokaj yn wahanol i winoedd eraill, a hynny oherwydd yr hinsawdd, yw ei fod yn ddychrynllyd o felys. Wel, gan fwyaf. Yn ystod y cyfnod Comiwnyddol doedd dim safoni ar winoedd Hwngari, ond ers cwymp Comiwnyddiaeth tua 1990 mae'r safon wedi gwella, a mathau gwahanol o winoedd yn cael eu cynhyrchu – ac yn eu plith un math sych! Yn addas iawn,

gwnaed hynny mewn pentre o'r enw Mad, a dyna hefyd yw enw'r gwin. Ond os y'ch chi am fynd i'r ardal mae'n rhaid i chi flasu'r Tokaj melys. Edrychwch am ddiod sydd yr un lliw â mêl tryloyw. Tokaj Azsu yw fy ffefryn i, a chan ei fod e mor felys, does dim angen llawer ohono arnoch chi. Nid gwin sesh mohono. Y lle gorau i'w flasu yw Seler Rákóczi yn Tokaj. Yn Tokaj hefyd mae **Amgueddfa Win** gynhwysfawr.

Maes awyr agosaf: Budapest. Hedfan o Lerpwl, Luton a Birmingham gyda Wizz Air, ac o Stansted gyda Ryanair. Mae Air Berlin a LOT yn hedfan o Heathrow ac Easyjet o Gatwick.

Trên: O St Pancras am 09.24 (Mae llai o oedi ym Mharis ar ddydd Sadwrn) i Paris Gare du Nord, cerdded i Gare de L'Est i ddal TGV Duplex i Munich am 13.55. Bydd bron i bedair awr 'da chi ym Munich cyn dal y Sleeper Kalman Imre i Budapest am 23.35, sy'n cyrraedd Budapest Keleti am 09.24 fore trannoeth. Mae Tokaj ddwy awr a thri chwarter ar y trên o Budapest Keleti.

Gyrru: O Calais, Brwsel, Cologne, Frankfurt, Nuremberg, Passau, Vienna, Győr, Tatabánya, Budaörs, Budapest. Pymtheg awr a hanner o Calais.

57. Tokaj

58. Ynys Texel

Mae Ynys Texel yn rhan o'r ynysfor ar arfordir gogleddol yr Iseldiroedd. Bydd enw'r ynys yn gyfarwydd i ffermwyr Cymru gan mai o'r fan hyn y daeth y defaid arswydus o'r un enw. Mae hi'n dawel a di-gyffro; ynys o dwyni tywod a thraethau gwag, er gwaetha'r ffaith mai hon yw'r ynys fwyaf poblog yng nghadwyn ynysoedd gorllewinol Frisia. Un arall o'r llefydd hynny i 'enaid gael llonydd'.

Does dim yno heddiw yn atgof o'r digwyddiad hynod dreisgar a bisâr a wnaeth yr ynys yn enwog. Daeth y rhyfel yn Ewrop i ben ym mis Mai 1945, ond fe barhaodd yr ymladd yma yn Texel. A rhyfel gwahanol iawn oedd e, rhwng milwyr o Georgia ac Almaenwyr. Wedi iddynt gael eu cipio yn garcharorion rhyfel (a bach iawn o Gymraeg oedd rhyngddynt â'u meistri Rwsiaidd hyd yn oed bryd hynny), ymunodd y carcharorion o Georgia â byddin yr Almaen, fel y gwnaeth carcharorion o India, Pacistan, De'r Affrig a sawl gwlad arall, a gwisgwyd nhw mewn iwnifform Almaenig. Ond ar ddiwedd y rhyfel, trodd y Georgiaid ar yr Almaenwyr gan ladd dros bum cant ohonynt mewn bach iawn o amser. Bu'n rhaid i'r Almaen alw ar filwyr o lefydd eraill i waredu'r Georgiaid, a'r Rwsiaid yn prysuro tua Berlin. Parhaodd y gyflafan am bythefnos wedi i'r rhyfel orffen, nes y danfonwyd Prydeinwyr i'r ynys i roi terfyn ar yr ymladd. Croesawyd y Georgiaid (hynny oedd ar ôl ohonynt) yn ôl i'w gwlad gan y Rwsiaid, a'u clodfori yn arwyr, er iddyn nhw, yn wreiddiol, gyfnewid ochrau.

Gellir mynd yno heddiw ac anwybyddu'r holl hanes, oherwydd mae'r ynys yn hafan i adar o bob lliw a llun, a thraean ohoni yn warchodle natur. Mae llwybrau cerdded a beicio ar ei hyd i gyd, fel sy'n gyffredin drwy'r Iseldiroedd, a chan fod y tirwedd mor fflat mae e'n berffaith i feicwyr o bob gallu.

 Maes awyr agosaf: Amsterdam. O Gaerdydd gyda KLM, sy'n ddrud, ond gallwch deithio'n rhatach o

58. Ynys Texel

Gaerdydd gyda Flybe a newid yn Nulyn, ac ymlaen i Amsterdam ar AerLingus. Easyjet yn syth o Fryste a Lerpwl. Trên wedyn o Amsterdam i Den Helder, a bws i Den Helder Steiger TESO i ddal y fferi i Ynys Texel. Y Bws, Texelhopper, i Schilderend.

Trên: O St Pancras, Llundain i Frwsel – Midi ar yr Eurostar. Newid am y Thalys i Amsterdam, dilyn y cyfarwyddiadau trên uchod o Amsterdam i Texel.

Gyrru: Yr A16 o Calais dros y ffin i wlad Belg; yr un heol, yr A16/E40, i Ghent. E17 o Ghent i Antwerp. O gwmpas gwaelod Antwerp E34, E19 i gyfeiriad Breda. Yr A27/E311 i Vianen A2/E35. A9/ N9 i Den Helder. Dilyn y cyfarwyddiadau uchod i ddal y fferi i Ynys Texel.

59. Llwybr Seiclo Arfordir yr Iseldiroedd

Mae llwybr seiclo arfordir yr Iseldiroedd yn 570km, o'r ffin â Gwlad Belg i'r ffin â'r Almaen, ac yn pasio rhai o draethau mwyaf gogoneddus gogledd Ewrop. Mae'r llwybrau i gyd yn fflat, fel y rhan fwyaf o lwybrau'r Iseldiroedd, ond fe fydd yna wynt … weithiau o'ch plaid, dro arall yn eich gwyneb, ond manion yw'r rheiny. Y golygfeydd sy'n mynd i'ch cynnal chi ar y

58

59

daith, a'r trefi a'r pentrefi ar y ffordd. Hyfrydwch rhwydwaith seiclo'r wlad yw bod wastad llwybr i fynd â chi i'r union le ry'ch chi am fynd iddo. Felly os y'ch chi am adael yr arfordir er mwyn gweld rhai o'r dinasoedd, mae'n ddigon hawdd. Ac mae seiclo'n saff hyd yn oed yn y trefi, gan fod beicwyr yn cael blaenoriaeth dros geir. Aiff llwybr yr arfordir â chi ar draws yr aberoedd yn y de, heibio i **Rotterdam**, i'r **Hague** ac ymlaen i **draeth Scheveningen** a thu hwnt – milltir ar ôl milltir o dwyni tywyod a thraethau gwag, yr holl ffordd i **Haarlem** ac **IJmuiden**, lle mae'r agoriad i harbwr a dinas **Amsterdam** a'i hatyniadau amlwg. Gallai

hynny fod yn derfyn digon naturiol, ond mae 'na fwy i'w weld o fynd ymlaen i'r gogledd, naill ai am Ynys Texel (gweler rhif 58) neu wrth ddilyn y llwybr wrth ochr yr E22 ar draws y Breezanddijk i **Harlingen** lle gallwch ddal fferi allan i un o ynysoedd mwyaf yn y gadwyn, sef **Terschelling**. Ond mae'r llwybr yn mynd ymlaen am dros gan cilomedr arall.

Maes awyr agosaf: does dim pwynt.

Trên: Daliwch y trên i Dover a'r fferi i Dunkirk. Trên o Dunkirk i Bruges, newid yn Bruges i Knokke Heist, sydd ar y ffin. Ar eich beic o fanno!

59

60. Croagh Patrick, Westport

Dy'n ni ddim yn siŵr eto pa fath o ffin fydd rhwng Gogledd Iwerddon (sydd ym Mhrydain Fawr ac felly allan o Ewrop) a Gweriniaeth Iwerddon. Mae'n bosib y byddwn ni'n gallu symud o'r naill i'r llall heb fawr o drafferth, yn ddi-basbort, hyd yn oed. Ta beth, mae amryw o lefydd o nodwedd yn y Weriniaeth i'w hystyried, ac fe ddylwn i ymddiheuro, falle, oherwydd eu bod nhw oll yn ymwneud â naill ai cwrw neu grefydd.

Fel y gyrchfan fwyaf sanctaidd i Gatholigion Iwerddon, mae pererindod Croagh Patrick ('The Reek' yn lleol) yn reit gyfarwydd i wŷr yr Ynys Werdd. Er i *Hel Straeon* gynhyrchu eitem rai blynyddoedd yn ôl oedd yn dilyn Catholigion i'r top, dyw e ddim yn gyfarwydd iawn i ni. Mynydd yw Croagh Patrick ac eglwys fechan ar y copa. Bu'n gyrchfan i baganiaid am ganrifoedd, ond ers i Sant Patrick dreulio deugain niwrnod ar y top yn y bumed ganrif, a chodi rhyw fath o eglwys yno, mae cerdded i'r pegwn wedi bod yn rhan o'r traddodiad Catholig. Reek Sunday yw'r diwrnod pwysig yn y calendr yn y cyswllt hwn, sef Sul olaf Gorffennaf. Dyna pryd mae miloedd yn dringo'r mynydd – yn y gwyll, yn draddodiadol, a llawer ohonyn nhw'n droednoeth – yn blant ac yn henoed. Mae e'n 760m o uchder (tua 2,500 troedfedd) a chan ei fod e'n codi o lefel y môr ry'ch chi'n dringo'r cyfan. Mae'r deugain munud cyntaf yn iawn, ac erbyn hynny fe fyddwch chi wedi cyrraedd yr ysgwydd. Wedi hynny mae'r llwybr yn codi fel roced, yn syth i fyny. Os allwn ni ei alw e'n llwybr, hynny yw, achos sgri yw e, yn gerrig mân ac yn hynod llithrig. Mae'n hollbwysig sicrhau felly eich bod chi'n gwisgo esgidiau pwrpasol, ac osgoi dyddie fel Reek Sunday. Ewch yno pan mae'n bwrw ychydig, falle – gallwch fentro y bydd rhywun arall yno hefyd, ond fydd dim rhaid i chi ymladd drwy'r sgrym i gyrraedd y copa. Mae'r golygfeydd yn anhygoel. I gyrraedd y man cychwyn, teithiwch i'r gorllewin o Westport ar yr R335.

60. Croagh Patrick

Maes awyr agosaf: Knock. Mae modd hedfan o Gaerdydd i Knock drwy Gaeredin gyda Flybe. Gwnewch yn siŵr eich bod chi'n dal yr awyren gynnar neu fe fyddwch chi yn yr awyr am ddau ddiwrnod. Mae'n llawer rhatach teithio o Fryste gyda Ryanair yn syth i Knock. Mae'n daith o awr yn y car neu fws o faes awyr Knock i Westport.

Gyrru: Fferi o Gaergybi i Ddulyn. M4 o Ddulyn i Kinnegad. N4 i Longford. N5 yr holl ffordd i Westport.

61. Tafarn Hell's Kitchen, Castlerea

Os y'ch chi 'di ffoli ar bopeth sy'n ymwneud â rheilffyrdd, chewch chi mo'ch siomi yn nhafarn Hell's Kitchen yn Castlerea. Yma mae'r casgliad mwyaf o *memorabilia* trenau mewn dwylo preifat yn Iwerddon, ac mae e'n wirioneddol gynhwysfawr. Mae'r casgliad – neu'n hytrach, yr amgueddfa) drws nesa i'r dafarn, ac mae'r pris mynediad yn 5 Ewro, ond yr hyn sy'n ei wneud e'n wahanol yw bod injan diesel A55 wedi'i hatgyweirio'n llwyr yn eistedd yn y bar. Mae dillad isa yn hongian dros y tân a phob math o effemera ar hyd y walydd. Mae'r cwrw'n

dda, ac mae'r landord, Sean, yn gymeriad. Ei fabi e yw'r casgliad.

Ydi, mae'r ochr hanesyddol yn denu amryw o bobol, ond yr hyn sy'n hyfryd yw bod Hell's Kitchen yn dal i fod yn dafarn leol, a bydd y sgwrs yn llawn mor ddifyr â'r trugareddau. Mae'r amgueddfa ar agor o ddeuddeg hyd chwech o'r gloch. Mae oriau'r dafarn yn fater arall.

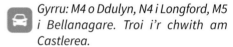 *Maes awyr agosaf: Knock. Ryanair yn syth o Fryste a Lerpwl. Mae Castlerea yn daith 35 munud o faes awyr Knock.*

Gyrru: M4 o Ddulyn, N4 i Longford, M5 i Bellanagare. Troi i'r chwith am Castlerea.

62. Tafarn Mick Doyle, Graiguenamanagh, Swydd Kilkenny

Mae Graiguenamanagh ar lan afon Barrow, yr ail afon hiraf yn Iwerddon ar ôl afon Shannon. Mae'r afon hefyd yn cysylltu tref Waterford (lle mae'r afon yn cwrdd â'r môr) a Dulyn drwy'r Grand Canal. Does dim trafnidiaeth ddiwydiannol ar hyd yr afon bellach, felly cychod pleser sydd i'w gweld gan fwyaf, a chanŵs. Mae'n werth ystyried aros yn Graiguenamanagh am ychydig ddyddiau er mwyn gwneud yn fawr o'r ardal ac ymweld ag un o gonglfeini traddodiadol Iwerddon, sef tafarn Mick Doyle. Yma, gellir prynu cetrys i'r dryll, sachau o lo, set o sbaners a pheint o Guinness. Mae'r croeso'n gynnes, ac mae 'na gerddoriaeth draddodiadol ar y penwythnosau.

Mae cwmni canwio ar afon Barrow yn Kilkenny (Gowiththeflow) neu Pure Adventure Kayaking yn Graiguenamanagh.

Maes awyr agosaf: Waterford (ond ar hyn o bryd, yn Hydref 2017, does neb yn hedfan yno gan fod VLM ac Aer Southeast wedi tynnu allan). Mae Cork dipyn yn bellach i ffwrdd ond mae cysylltiadau â Chaerdydd ar FlyBe, Birmingham a Bryste ar Aer Lingus, a Lerpwl ar Ryanair. Mae maes awyr Cork tua dwy awr mewn car o Graiguenamanagh, felly mae Dulyn (sydd ond awr a deugain munud i ffwrdd), o bosib yn opsiwn well. Caerdydd i Ddulyn ar FlyBe, ac o Lerpwl i Ddulyn ar Ryanair.

Trên: ddim yn bosib, ond mae modd mynd ar fws. Tair awr a hanner o Ddulyn.

Gyrru: Heb os, y ffordd rwyddaf yw'r fferi i Rosslare o Abergwaun. Mae Graiguenamanagh awr oddi yno mewn car drwy Waterford. Os y'ch chi'n croesi o Gaergybi, mae'n awr a thri chwarter o borthladd Dulyn i Graiguenamanagh i lawr yr M9.

63. Riga

Mae Latfia yn wlad sy wedi'i gwasgu rhwng Lithwania ac Estonia. Y brifddinas, Riga, yw'r ddinas fwyaf yng ngwledydd y Baltig (dros ddwywaith maint Caerdydd), ac yno mae'r maes awyr mwyaf, sy'n golygu ei bod yn fwy o gyrchfan i ymwelwyr na'r prifddinasoedd eraill cyfagos. Mae llawer o adeiladau'r dref yn flociau unffurf a godwyd yn y cyfnod Sofietaidd, felly ewch yn syth i'r hen dref (safle Unesco arall). Mae'n syndod gymaint o hen adeiladwaith y ddinas sy'n dal i sefyll, ac mae canrifoedd o hanes iddi.

Roedd y ddinas yn ddigon pwysig i fod yn aelod o'r Gynghrair Hanseatig, hyd at y bymthegfed ganrif – math o gytundeb masanchol ac amddiffynnol oedd hwnnw rhwng rhai o brif drefi gogledd Ewrop. Mae dylanwadau Almaenig ac Is-Almaenig i'w gweld hyd heddiw yng nghynlluniau'r adeiladau, ac mae yma gasgliad anferth o adeiladau Art Nouveau hefyd. Wedi diodde, ac elwa, o bresenoldeb amryw o wledydd eraill yn yr ardal, bron na ellid dweud mai dyma'r cyfnod hiraf i Latfia sefyll ar ei thraed ei hun, heb unrhyw ymyrraeth allanol. Dyma gartref **marchnad fwyaf Ewrop**, wedi'i gosod mewn pedair hen hangar Zeppelin anferth drws nesa i'w gilydd heb fod ymhell o'r hen dref ac afon Daugava. Yn y tridegau dywedwyd mai hon oedd y farchnad fwyaf ar wyneb daear. Fel petai hynny ddim yn ddigon mawr, mae rhai stondinau y tu allan hefyd. Yma, dylech chi brynu unrhyw beth a phopeth, achos mae e i gyd ar gael, o bysgod mwg dirifedi y gallwch chi eu bwyta yn y fan a'r lle, cawsiau di-ben-draw, cwrw lleol, llysiau, ffrwythau, anifeiliaid anwes (nid i'w bwyta, wrth reswm), gemwaith, sbaners, blodau ac yn y blaen. Os na allwch chi ffindio'r hyn ry'ch chi'n chwilio amdano yn y farchnad hon, dyw e ddim yn bod. Fe wnaiff y stondinwyr bacio pysgod mewn pecyn faciwm fel bod posib dod ag e 'nôl ar yr awyren. (Wnawn nhw ddim gwneud hynny gyda'r anifeiliaid anwes, cyn i chi ofyn.) Ewch â siwtces mawr gwag gyda chi!

63. Riga

Maes awyr agosaf: Riga. Mae posib hedfan yn weddol rhad o Gaerdydd a Bryste ond mae angen newid ar y ddwy daith ac mae'n ddeuddeg awr a mwy, naill ai mewn awyren, neu'n aros am awyren. Ar y llaw arall, gallwch hedfan i Riga o Lerpwl am lai nag y byddai'n gostio i brynu pedwar peint o gwrw, gyda Wizz Air. Mae Wizz Air hefyd yn hedfan o Stansted a Luton, yn dwp o rad. Ryanair – hefyd o Stansted, ac Air Baltic (tipyn yn ddrutach) o Gatwick. O Riga, A8/A12 E77.

Trên: Gweler y cyfarwyddiadau trên i Stockholm (rhif 94). Arhoswch yn Stockholm dros nos a thriwch gael gwely a brecwast mor rhad ag sy'n bosib, gan fod Stockholm yn ddrud. Treuliwch y rhan fwyaf o'r diwrnod canlynol yn mwynhau awyrgylch y ddinas heb wario gormod, cyn dal y fferi dros nos i Riga sy'n gadael bob yn ail ddydd am 17.00 ac yn cyrraedd Riga am 11.00 y bore trannoeth. Gwnewch yn siŵr eich bod chi'n ymchwilio i'r amserlen yn iawn, neu bydd yn rhaid i chi dreulio dwy noson yn Stockholm, sy'n hyfryd, ond ry'ch chi eisiau cadw rhywfaint o gelc tuag at eich henaint.

Gyrru: C'mon! Os oes rhaid, gyrrwch i Stockholm ac ar draws y Baltig ar y fferi i Riga.

64. Parc Cenedlaethol Gauja

Dyw Latfia ddim yn fawr iawn, felly mae teithio o'r brifddinas naill ai mewn car neu ar drafnidiaeth gyhoeddus i bellafion y wlad yn ddigon hawdd ac yn ddychrynllyd o rad. A gan fod y rhan fwyaf o'r boblogaeth yn byw yn y brifddinas, pan ewch chi allan i'r wlad gallwch ymgolli'n ddigon hawdd heb weld neb.

Un o'r teithiau mwyaf poblogaidd yw i **draeth Jūrmala**. Dros ugain milltir o draeth dilychwin, rhyw awr o Riga, lle allwch chi gerdded neu seiclo. Os ydych am rywbeth ychydig yn fwy mentrus, anelwch am **Barc Cenedlaethol Gauja**, ac i dref **Sigulda**. Dau gastell, yr hen un a'r

newydd, cannoedd ar gannoedd o erwau o fforestydd naturiol, canwio, neidio bynji, ac os oes ganddoch chi *fillings* ar ôl, bydd bron i gilomedr o drac *bobsleigh* yn siŵr o ysgwyd y gweddill yn rhydd; *cablecars*, opera awyr agored – mae'n ddi-ddiwedd. Yn y gaeaf mae yna sgio hefyd. Mae'r hydref i fod yn arbennig o brydferth, yn ôl y sôn. Dyna chi resymau i ymweld ym mhob tymor.

Manylion teithio: gweler rhif 63, ac yna bws o orsaf ganolog Riga. Neu logi car. Tua dwy awr mewn car o Riga.

65. Vaduz

Mae'r rhan fwyaf o'r hyn y gellir ei wneud yn Liechtenstein yn digwydd yn Vaduz. Yma mae'r **castell**, yr **Amgueddfa Genedlaethol**, y **Postage Stamp Museum** (mewn gwlad sydd ddim lot yn fwy nag un) a'r **Hofkellerei**, sef selerydd gwin tywysog Liechtenstein, i flasu gwin hyfryd yr ardal, ac yn y blaen. Peidiwch â meddwl nad oes rhinwedd mewn treulio amser rhwng ei ffiniau, dim ond oherwydd ei bod hi'n wlad fach. Mae ei maint hi'n golygu ei bod yn berffaith ar gyfer trip o ddiwrnod neu ddau.

Mae pentrefi'r wlad wedi'u cysylltu â llwybrau cerdded (yn ogystal â heolydd), ond gan mai dim ond 25km o hyd yw'r wlad gyfan, gallwch gerdded y cyfan, gweld llawer o'r hyn sydd yn werth ei weld, a chael newid i brynu tships ar y ffordd adre, fel petai. Gwlad i'w rhoi yn eich poced – a chan ei bod hi wedi'i gwasgu rhwng Awstria a'r Swistir, ry'ch chi'n gwybod y bydd y golygfeydd yn odidog. Er nad yw'n aelod cyflawn o'r Gymuned Ewropeaidd, mae hi *yn* aelod o'r Farchnad Rydd Ewropeaidd ac yn rhan o gytundeb Schengen, er ei bod hi'n defnyddio arian y Swistir.

Maes awyr agosaf: Zurich. Am yr unig deithiau syth i Zurich heb newid, mae'n rhaid i chi fynd o Birmingham neu Heathrow gyda SWISS, neu Easyjet o Luton a Gatwick. Mae BA hefyd yn hedfan i Zurich yn syth o Heathrow. Trên o'r maes awyr i Zurich, a thrên ymlaen i Sargans. Bws o Sargans i Vaduz.

65. Liechtenstein

66. Parc Cenedlaethol Aukštaitija

Mae'r parc hwn wedi leoli tua 100km i'r gogledd-ddwyrain o'r brifddinas, Vilnius. Mae e bron yn 500km sgwâr, a saith deg y cant o hwnnw'n goed pinwydd. O fewn ei ffiniau mae 126 o lynnoedd, nifer fawr ohonyn nhw wedi'u cysylltu â'i gilydd. Dyma sy'n gwneud yr ardal yn gyrchfan i bobl sy'n dotio at fyd natur, ond hefyd i'r rhai sy'n licio sialens gorfforol. Mae nifer o gwmnïau yn cynnig teithiau nofio, dros gyfnod o ddyddiau, lle mae disgwyl i chi nofio hyd at wyth cilomedr y dydd. Fe gewch chi ddod allan o'r dŵr i gysgu, mae'n debyg. Ond mae gwyliau haws i'w cael. Mae twristiaeth canŵio wedi sefydlu'i hun yn yr ardal ers rhai blynyddoedd, ac i'r perwyl hwnnw, mae amryw o fannau lle gallwch chi aros dros nos wrth i chi deithio o lyn i lyn. Y lle i ddechrau yw **Palūšė**, lle mae posib llogi cychod a chanŵs.

Ar y llaw arall, gallwch ddewis aros ar dir sych, a chrwydro'r llwybrau drwy'r coedwigoedd. Y tawelwch sy'n denu'r rhan fwyaf o ymwelwyr. Mae 'na amgueddfa cadw gwenyn hefyd, gyda chychod gwenyn hyfryd mewn siapiau paganaidd, a nifer o eglwysi pren hyfryd i ymweld â nhw yn yr ardal. O gwmpas y llynnoedd mae amryw o fannau gwylio, lle cewch chi'r golygfeydd gorau o'r ardal. Mae'r rhain yn tueddu i fod yn uchel, ac yn llai cadarn nag y byddech chi'n dymuno. Yr un uchaf yw'r un ym mhentref **Baršenài** ar lan **Llyn Sartai**, sy'n 36 metr o uchder, ac yn symud yn y gwynt. Mwynhewch.

Maes awyr agosaf: O Gaerdydd mae Vilnius yn bedair awr ar ddeg ddrud iawn. Mae'n waeth fyth ac yn dipyn hirach o Fryste. Felly os y'ch chi am fynd yn gall ac yn rhad, o Lerpwl mae'r fargen orau gyda Ryanair, neu gyda Wizz Air o Luton. Mae'r parc ddwy awr mewn car o faes awyr Vilnius. Opsiwn arall yw hedfan i Riga dros y ffin, dinas sy'n llawer haws i'w chyrraedd mewn awyren (ac yn rhatach o'r rhan fwyaf o lefydd), a gyrru o Riga i Aukštaitija lawr yr A5, a'r P89 drwy Diržai ac Utena. Taith o dair awr a hanner.

67. Bryn y Croesau

67. Bryn y Croesau, Šiauliai

Does neb yn gwybod pam, na sut, yn union y dechreuodd yr arfer o blannu croesau ar ben y bryn di-nod yma, rhyw ddwyawr a hanner i'r gogledd o Vilnius yn Lithwania. Credir mai i gofnodi'r rhai a gollwyd yn y gwrthryfel yn erbyn y Rwsiaid ar ddiwedd y ddeunawfed ganrif oedd gwreiddyn yr arfer, ond dros y canrifoedd mae e wedi magu arwyddocâd mwy na man i goffáu'r meirw yn unig. O dan deyrnwladwriaeth y Rwsiaid yn yr ugeinfed ganrif, tyfodd i fod yn gyrchfan dawel i brotestwyr yn erbyn eu presenoldeb, gan fod y ffydd Gristnogol wedi ei gwahardd o dan y Comiwnyddion.

Er bod y traddodiad yn hen erbyn hyn, dyw'r casgliad o groesau sydd yna nawr ddim mor hen â hynny. Oherwydd y gwrthdaro cyson a fu rhwng rhwng y brodorion a'i meistri Comiwnyddol, cliriwyd y safle gyda *bulldozer* sawl gwaith gan y KGB. Yn ogystal â choffáu'r meirw, mae amryw o'r croesau yn cynnwys gweddïau ac ymbiliadau am gymorth â phroblemau amrywiol.

Maes awyr agosaf: Riga (Latfia) – gweler rhif 63.

O Vilnius: A2/E272 Tua dwy awr a hanner mewn car. Neu mae posib dal bws arbennig o'ch gwesty yn Vilnius i'r bryn. Prisiau'r bysys yn dechrau o ddeugain punt.

68. Vianden

Os y'ch chi am fynd yn nyts, does dim lle gwell i fod. Vianden yng ngogledd Lwcsembwrg yw Walnut Central. Fan hyn maen nhw'n gwneud pethau gyda chnau nad oeddech chi'n gwybod oedd yn bosib, i gyd-fynd â'r farchnad gnau sy'n digwydd bob mis Hydref. Yn dominyddu'r tirlun ymhell uwchben y dref mae'r castell mwyaf castellog ei olwg sydd i'w weld ar wyneb daear. Fe'i codwyd rhwng yr 11eg a'r 14eg ganrif, ond bu'n furddun am gan mlynedd a mwy tan saithdegau'r ganrif ddiwethaf pan ddechreuwyd ar y gwaith o'i atgyweirio. Fe allwch chi gael golwg well ohono, a'r bryniau a'r dyffrynnoedd cyfagos, wrth ddal y *chairlift* i ben y mynydd. Mae'n ddigon hawdd cyrraedd Vianden o Wlad Belg neu Lwcsembwrg, ond y ffordd hyfrytaf o gyrraedd yw ar feic ar hyd glannau afon Our o'r de. Os parciwch chi yn **Echternacht** ar y ffin gyda'r Almaen (yr afon oedd y ffin, ond ers cytundeb Schengen, sydd hefyd yn Lwcsembwrg gyda llaw, does dim ffin) gallwch seiclo lan yr afon i Vianden. Mae e'n llai na dwy awr o seiclo.

Manylion teithio: gweler rhif 69.

69. Murgelloedd Bock (Bock Casemates), Dinas Lwcsembwrg

Rwy'n cynnwys y rhain am ddau reswm. Y cyntaf yw er mwyn ymweld â dinas hyfryd Lwcsembwrg, ac yn ail, mae'r murgelloedd yn wirioneddol ddiddorol, ac yn dyddio'n ôl i'r mileniwm cyntaf. Does dim llawer o bobol yn ymweld â Lwcsembwrg, ac eto mae hi mor gyfleus o safbwynt Ewropeaidd – ei lleoliad oedd y prif reswm am godi'r castell a'r murgelloedd yn y lle cyntaf. Ystyr '*casemate*' yw stafell neu fan lle gellir tanio dryll neu ganon drwy dwll neu ffenest bwrpasol – yn yr achos yma mae'r ystafelloedd hynny wedi eu naddu i graig y Bock, sef y tir uchel a adawyd gan lif afon Alzette (sydd bron â'i amgylchynu, a'i wneud yn ynys). Lle perffaith i adeiladu castell. Ers i'r amddiffynfeydd hyn gael eu

Dinas Lwcsembwrg

codi gan Count Siegfried yn 963 mae hanner dwsin o wledydd a rhai o'r peirianwyr gorau wedi naill ai ceisio'u concro neu ychwanegu atyn nhw. Dymchwelwyd y castell a llawer o'r amddiffynfeydd yn 1867, ond erys y murgelloedd a 17km o'r twneli sy'n eu cysylltu. Maen nhw ar agor yn ddyddiol rhwng Chwefror a Thachwedd, a gallwch ymuno â thaith gylchol o gwmpas y murgelloedd, sy'n cychwyn o'r Swyddfa Dwristiaeth bob prynhawn am 3.00. Gyda llaw, o safle Radio Lwcsembwrg yr arferai Lord Hawhaw wneud ei ddarllediadau Natsïaidd yn ystod y Rhyfel.

Maes awyr agosaf: Lwcsembwrg. Ryanair yn syth o Stansted, Easyjet yn syth o Gatwick, Airfrance a BA yn syth o Heathrow, Air Lux o faes awyr Dinas Llundain (ond yn ddrud). Gellir hedfan o Fanceinion i Lwcsembwrg, ond mae'n rhaid newid yn Heathrow.

Trên: O St Pancras, Llundain, i Gare du Nord ym Mharis. Newid i Gare de l'Est (taith gerdded o rhyw ddeng munud), a dal y trên TGV i Lwcsembwrg.

Gyrru: O Calais i gyfeiriad Dunkirk cyn troi am Lille ar yr A25, yr A27 i Tournai, yr E42 o gwmpas Mons. Ymlaen ar yr E42/E420 i Namur. Troi i'r de ar yr E411 mor bell â Neufchâteau. O fanno, yr E25 yr holl ffordd i Lwcsembwrg.

70. Valletta

Dinas a sefydlwyd gan fonheddwyr ar gyfer bonheddwyr: dyna maen nhw'n ei ddweud am Valletta. Roedd y bonheddwyr yn gryf a hynod o weithgar felly, mae'n rhaid, achos fe'i cwblhawyd hi mewn pymtheng mlynedd yn unig. Dyna yw'r honiad – a phan welwch chi faint a thrwch strwythur yr amddiffynfeydd a'r adeiladau oddi mewn iddynt, dyw e ddim llai na gwyrth.

Mae patrwm grid y strydoedd tu mewn i'r waliau a'r teimlad o undod yn steil yr adeiladau yn rhoi awyrgylch waraidd i'r ddinas, ac mae'n hawdd cerdded drwyddi. Tu draw i'r ddinas byddwch yn ymwybodol o bwysigrwydd twristiaeth, o ganlyniad i'r gwestai sydd wedi codi blith draphlith, ond oherwydd ffurf caeth strydoedd Valletta doedd dim posib datblygu ymhellach. Mae'n rhaid bod rhywbeth wedi bodoli yno cyn y ddinas bresennol – mae'n fan rhy strategol bwysig yng nghanol Môr y Canoldir, ar graig rhwng dau borthladd naturiol, i beidio â chael rhyw fath o bresenoldeb yno – ac mae digonedd o dystiolaeth i brofi bod dyn wedi byw ar yr ynys am filenia ynghynt. Cafodd Sant Paul ei long-ddryllio ar yr ynys yn 60 O.C. ac mae pob ymerodraeth cynt ac ar ôl hynny wedi gadael ei farc, ond codwyd y ddinas yn ei ffurf bresennol gan Urdd Sant Ioan dan arweiniad Jean de Valette (mae cliw i'r enw yn fanna) yn yr unfed ganrif ar bymtheg gyda'r arian o Sbaen a Rhufain. O'i chymharu â gweddill prifddinasoedd Ewrop, mae hynny'n lled ddiweddar. Urdd Sant John fu'n rheoli'r ynys tan y ddeunawfed ganrif, ac mae i'r hen dref ddigonedd o adeiladau, eglwysi ac amgueddfeydd difyr yn ymwneud â'r cyfnod yma, a hanes cythryblus yr ynys yn ystod yr Ail Ryfel Byd. Ond mae 'na bleser i'w gael o allu ymlwybro ar hyd y strydoedd, ymweld â'r siopau modern, y bariau a'r tai bwyta ar y cei a'r parciau hyfryd ar ben y bryn. Does dim llawer o lefydd gwell i ymlacio ac edrych ar y byd yn pasio heibio. Peidiwch ag ymlacio gormod – mae'r harbwr gyda'r dyfnaf yn Ewrop.

✈ *Maes awyr agosaf: Valletta, Luqa Malta International. Ryanair a Thomas Cook yn syth o Fryste. Ryanair o Lerpwl, Luton a Stansted. Easyjet o Gatwick. Air Malta o Heathrow.*

🚆 *Trên: Os oes rhaid! O St Pancras, Llundain, am 15.31 gan gyrraedd Paris Gare du Nord. RER (Metro) i Gare de Lyon. Trên i Dijon-ville am 19.23, cyrraedd am 20.55. Gadael Dijon am 21.57 i Milan (cyfeiriad Venezia St Luca). Cyrraedd 06.00 fore trannoeth. Gadael Milan am Naples (cyfeiriad Salerno) am 06.15, cyrraedd am 11.00. Newid yn Naples am Villa San Giovanni (cyfeiriad Reggio di Calabria) gan gyrraedd am 16.42. Fferi o Villa San Giovanni i Messina ar ynys Sicily am 17.30, cyrraedd 17.50. Dyma'r unig le arall yn Ewrop (ar wahân i'r fferi rhwng Puttgarten yn yr Almaen a Rødby yn Denmarc) lle mae'r trên yn mynd ar y fferi. Bws o Messina Marittima i gyfeiriad Catania am 20.30, cyrraedd Catania 22.26. Fferi fore trannoeth am 06.45 o Catania a chyrraedd Valletta, Ynys Malta, am 11.00.*

🚗 *Gyrru: Ydych chi o ddifrif?*

70. Malta

71. Lisbon

Prifddinas Portiwgal yw un o brif-ddinasoedd hyfrytaf Ewrop. Does dim cymaint â hynny o ôl datblygiad modern ar y ddinas, ac mae wedi llwyddo i gadw'r hyn sy'n werthfawr o safbwynt pensaernïaeth fel bod teimlad tref un cyfnod iddi. Mae nifer o adeiladau newydd trawiadol wedi'u codi yn yr ugain mlynedd ddiwethaf, cofiwch, ond dyw hyn ddim wedi tarfu ar brydferthwch yr hen dref.

Mae pwysigrwydd Portiwgal fel man cychwyn i sawl mordaith hanesyddol yn cael ei amlygu yn rhai o'r adeiladau – **Twr Belem** yn un, ar lan afon Tagus. Codwyd y twr yn 1515, a bryd hynny, ar ôl ei basio doedd dim byd ond dwr o flaen rhywun nes cyrraedd America. Mae addurn y twr yn cynnwys portread o'r rhinoseros cyntaf i gyrraedd Ewrop – digwyddiad a greodd gynnwrf mawr ar draws y cyfandir – ond yn anffodus, bach iawn o'r cerflun sydd ar ôl erbyn hyn. Adeilad trawiadol arall ar lan yr afon yw **MAAT**, amgueddfa gelf, pensaernïaeth a thechnoleg a agorodd yn lled-ddiweddar, sydd ar ffurf ton hir sgleiniog, gyda chanopi sy'n dal adlewyrchiad yr haul ar wyneb yr afon.

Does yma ddim prinder o westai safonol, ond er mwyn gwneud y gorau o'r golygfeydd ar draws yr afon i **Crist y Brenin** (fersiwn llai o'r cerflun sy'n Rio), y lle i aros yw'r **LX Boutique**. Os ydych am rywbeth mwy swanc, ewch am y **Tivoli Avenida** sydd hanner ffordd i fyny'r Avenida Liberdade (sydd â phwll nofio awyr agored crwn, hyfryd, yn yr ardd), neu'r **Portugal Boutique City** sydd dipyn yn rhatch a reit yng nghanol y ddinas ac yn handi ar gyfer y castell, **Castela St Jorge** (sy'n dipyn o step, ond fe gewch chi olygfa anhygoel o'r ddinas). Paciwch eich dannedd melys, achos lle bynnag ewch chi bydd cacennau melys a choffi. Triwch, yn ogystal, fynd i un o fariau'r **Bario Alto** i glywed canu Fado – bydd perfformiadau wedi'u trefnu yn ambell le, ond mae e'n well os yw e'n digwydd yn fyrfyfyr, a gwr a gwraig yn ateb ei gilydd. Mae e'n fwy o 'duel' na 'duet'. Mae e (bron â bod) fel bod gartre.

71. MAAT

Maes awyr agosaf: Lisbon. Easyjet yn syth o Fryste a Lerpwl, TAP Portugal yn syth o Fanceinion a llawer mwy o Heathrow.

Trên: O St Pancras, Llundain. Dechrau'n ddigon cynnar er mwyn cyrraedd Paris mewn pryd i ddal y trên 12.52 i Irun yng Ngogledd Sbaen o Gare Montparnasse. Bydd yn rhaid i chi groesi Paris o'r Gare du Nord. Wedi cyrraedd Irun am 17.43, dal y trên dros nos (Sud Express) i Lisbon am 18.50, sy'n cyrraedd Gorsaf Santa Apolonia, Lisbon, am 07.30 fore trannoeth. Mae amrywiaeth o stafelloedd cysgu ar y trên, bar cynhwysfawr ... a stoliau uchel, cofiwch!

72. Llwybr Camino da Costa, Porto

Mae Santiago de Compostela yng ngogledd Sbaen yn enwog fel terfyn un o bererindodau mwyaf cyfarwydd y byd. Y camgymeriad mawr mae amryw yn ei wneud yw cymryd mai dim ond un llwybr sy'n arwain iddi. Y llwybr mae'r rhan fwyaf yn ei ddilyn yw'r un Ffrengig o Sant-Jean-Pied-de-Port, ar y ffin â gogledd Sbaen. Mae hwnnw yn agos i fod yn 800km o hyd, ac awgrymir eich bod chi'n cymryd mis cyfan i'w gwblhau. Y fantais fawr o wneud

y daith hon yw bod arwyddion eglur ar ei hyd. Yr anfantais amlwg yw ei bod hi'n drybeilig o hir, a bach iawn o bobol sy'n gallu neilltuo mis i wneud unrhyw beth, heb sôn am gerdded. Mae 'na lwybrau eraill, byrrach, sy'n mynd â chi i'r un man, ond mae'r rheiny, hyd yn oed, yn ddigon hir i wneud i chi deimlo'ch bod chi wedi cyflawni rhywbeth gwerthfawr. Beth am roi tro ar un sy'n dechrau yn Porto ym Mhortiwgal? Mae 'na ddau mewn gwirionedd, un sy'n dechrau yn Lisbon, sef Caminho Português (dyw hwn ddim byrrach na'r llwybr ar draws top Sbaen) a llwybr yr arfordir, Caminho da Costa, sy'n dechrau yn ninas hyfryd Porto ac yn pasio traethau gwyllt gogledd Portiwgal. Taith o bythefnos yw honno. Ar ddiwedd y

daith, yn Santiago de Compostela fe gewch chi Dystysgrif y Pererin, yn ogystal â'r wefr o wybod eich bod chi sawl cam yn nes at y nefoedd. 'Nesáu at Dduw sy'n dda i mi' medd yr emynydd. Cofiwch mai dim ond 100km (tua 60 milltir) sy'n *rhaid* i chi ei gerdded i dderbyn y dystysgrif, a gymerith lai nag wythnos i chi, ond dipyn o Gamino de Paish yw honno, mewn gwirionedd. Mae un llwybr, er gwybodaeth, yn dechrau yn y Swistir! Gyda llaw, gallwch feicio ar hyd y llwybrau yma hefyd.

Mae sawl cwmni yn fodlon paratoi taith i chi, a threfnu llefydd i aros bob nos ... am bris. Ond gallwch drefnu'r cyfan eich hun, a thalu ychydig bunnoedd am fatres am y nos.

Maes awyr agosaf: Porto. Easyjet yn syth heb newid o Fryste. Ryanair yn syth heb newid o Lerpwl, ac fe allwch gael tocyn yn syth o bob un o feysydd awyr Llundain. Gallwch hedfan yn ôl yn syth o Santiago de Compostela i Stansted ar Ryanair, neu Vueling yn ôl i Gatwick.

Trên: O St Pancras i Paris Gare du Nord, newid gorsaf ym Mharis ar yr RER, neu Metro (i gyfeiriad Marie de Montrouge), i Paris Gare Montparnasse.

Dal y trên i Bordeaux, ymlaen o Bordeaux i Hendaia ar y ffin â Sbaen, a newid yn y fan honno ar gyfer y daith fer i Irun. Bydd yn rhaid i chi aros yn rhywle ar eich ffordd, ac mae Irun cystal lle â 'run. Mae'r trên ymlaen i Vigo yn gadael cyn un ar ddeg y bore, ond gan na fydd yn cyrraedd cyn i unig drên y dydd i Porto adael (yn ôl RENFE, rheilffyrdd Sbaen), mae hynny'n golygu aros dros nos yn Vigo. Gallwch ddal y bws Atuna fore trannoeth – mae pedwar o'r rheiny'n mynd bob dydd ac maen nhw'n gyflym, yn gyfforddus ac yn rhad. I ddychwelyd o Santiago de Compostela, gallwch ddal trên yn ôl i Irun (er mai ond un trên y dydd sydd i Irun, a hynny am tua deg y bore) lle gallwch gysylltu â'r trên i Baris, ac ymlaen i Lundain.

Gyrru: Os oes rhaid, ond bydd yn rhaid i chi gerdded yn ôl i Porto o Santiago de Compostela i nôl y car, sy ddim yn gwneud llawer o synnwyr. Mae un ffordd yn ddigon i unrhyw bererin.

73. Tref Porto

Diolch i briodas frenhinol (merch John o Gaunt a'r Brenin John o Bortiwgal) ymhell bell yn ôl, mae'r berthynas rhwng Porto a Phrydain wedi bod yn un agos iawn.

Perthynas sydd wedi amlygu ei hun nid yn unig drwy'r fasnach win a phort, ond hefyd yn ein cysylltiadau morwrol. Porthladd yw Porto fel mae'r enw'n awgrymu, ond un agwedd yn unig ar y dref yw ei phorthladd. Llethrau lliwgar y ddinas y naill ochr a'r llall i afon Douro yw gwir ogoniant Porto. Yr hen adeiladau to teracota wedi'u pentyrru ar ben ei gilydd, y strydoedd cul, y cilfachau difyr a'r tai bwyta sydd rownd pob cornel.

Byddai'n gamargraff meddwl bod bodolaeth Porto yn cylchdroi o gwmpas y ddiod port. Mae e'n bwysig i economi'r dref a'r ardal, wrth gwrs, ond mae Porto yn enwog hefyd am fwydydd amrywiol. Ar

lan ogleddol yr afon yn ardal braf **Ribeira**, mae amryw o dai bwyta a bariau safonol, ond os arhoswch chi ar y **Ponte Luís I**, a chario mlaen i'r gogledd, i fyny heibio gorsaf drenau Estacao de São Bento, mae cymaint mwy o ddewis. I'r de o'r afon, gyferbyn â Ribeira, (yn dechnegol yn ninas Gaia) mae'r cwmnïau port enwog, llawer ohonyn nhw'n gyfarwydd i ni yng Nghymru, megis Sandeman, Croft, Taylors a Cockburn. Hefyd yn yr un ardal mae'r **Espaço Porto Cruz** (sydd hefyd yn Gwmni Port) a'i deras ar y to. Bar arbennig i orffen unrhyw ddiwrnod. Mae'r prisiau yn tueddu i fod ychydig yn ddrutach, yn enwedig yn yr haf, ond mae'n bosib y cewch chi daleb i gael diod ar ben y to am ddim gan un o'r cwmnïau port eraill, a chewch chi ddim golygfa well o'r hen dref.

Am gyfarwyddiadau teithio gweler rhif 72.

74. Autódromo Internacional do Algarve, Portimão

Portimão yw'r ail dref fwyaf ar yr Algarve ym Mhortiwgal, ardal sy'n gyrchfan i dwristiaid o bob cwr o Ewrop ers degawdau. Mae'r môr yn glir, y tywydd yn ddibynadwy a'r prisiau fel arfer yn gymharol rad. Os y'ch chi'n digwydd bod yno ac yn edrych am rywbeth go wahanol i'w wneud, neu os y'ch chi wedi ffoli ar feiciau rasio, does ond rhaid i chi deithio rhyw bum milltir o'r traeth i'r syrcit rasio hwn.

Mae e'n ddiddorol nid yn unig oherwydd yr uchod, ond hefyd am ei fod yn gymaint o 'eliffant gwyn'. Fe'i codwyd yn 2008 pan oedd marchnadoedd y byd ar i lawr, unman yn fwy nag ym Mhortiwgal (oedd yn un o wledydd tlota'r Gymuned eisoes). Y gobaith oedd ceisio dwyn perswâd ar Fformiwla Un i symud eu ras flynyddol o Estoril ger Lisbon, i'r trac newydd sbon danlli hwn sy'n berffaith ym mhob agwedd, yn cynnwys seddi i gan mil o bobol, yn Portimão. Trueni nad oedd eu dealltwriaeth o drefniadaeth Fformiwla Un gymaint â maint eu huchelgais. Er mwyn denu arian F1, mae'n rhaid gwario miliynau ar ben pris y syrcit. Roedd y coffrau'n wag cyn cychwyn. Felly beth sydd yma yw adnodd anhygoel er mwyn cynnal rasys o bob math, ond sydd erioed wedi bod yn agos i fod yn llawn, ac sydd ond yn cael ei ddefnyddio'n achlysurol. Mae e hefyd yn rhybudd, falle, i brosiectau

tebyg sy'n agosach at adref. Ond yr hyn sydd yn digwydd yna yw Pecynnau Profiad. Gallwch gertio o gwmpas y cwrs neu yrru gar rasio – mae'r cyfleusterau, y bwyd, yr hyfforddiant a'r peiriannau i gyd o safon uchel. Un fantais fawr yw'r gwesty moethus ar y safle, sef **Pestana**. Yn gynwysiedig yn y pris (sydd ddim yn ddychrynllyd o ystyried y safon) mae'r Spa a'r brecwast, a phum lap o'r trac mewn *go-cart*. Os ewch chi rhwng Mehefin a Medi mae bws rhad ac am ddim yn mynd o'r gwesty i'r traeth ac yn ôl bob dydd.

Maes awyr agosaf: Faro (dwy awr i ffwrdd). O Gaerdydd gyda Ryanair yn syth i Faro tan ganol Hydref, ar ôl hynny mae KLM yn hedfan yno gan newid yn Amsterdam (braidd yn hir, ond yn weddol rhad). O Lerpwl, Ryanair yn syth (tan tua canol Hydref) ac Easyjet – yn syth tan fis Tachwedd; ar ôl hynny mae Easyjet yn newid yn Lisbon, wedyn TAP i Faro (dal yn weddol rad).

75. Hel

Na, nid dim ond er mwyn dweud eich bod chi wedi bod yn uffern ac yn ôl. Mae pentre Hel ar ddiwedd bys main o dir sy'n ymestyn allan i fae Danzig ym môr y Baltig. Mae'r dref ei hun yn wynebu Gdańsk. Ewch rownd y trwyn ac ry'ch chi'n edrych draw ar Kaliningrad, y darn maint hances boced o Rwsia sydd o fewn corff y Gymuned Ewropeaidd, wedi'i amgylchynu gan Lithwania ar un ochr a Gwlad Pwyl ar y llall.

Y traethau a'r twyni tywod ar ochr ogleddol y trwyn sy'n denu'r 'sandalwyr' – tri deg a thri o gilometrau o dywod gwyn difrycheuyn (heblaw am y geriach o'r Ail Ryfel Byd sydd wedi'i gladdu yn y tywod, fel y gallwch ddychmygu o ystyried y lleoliad). Tu mewn i'r llain, yn wynebu'r tir mawr, dyw hi ddim yn llawer mwy cysgodol. Yma mae'r canolfannau hwylfyrddio. Mae ambell draeth sy'n saff i blant, ond y syrffio sy'n denu ymwelwyr i'r ochr yma yn bennaf, ac yma mae'r meysydd carafanau ac ati. Dyw e ddim yn

'hel' i gyrraedd yr ardal chwaith – er yr ymddengys nad yw'r penrhyn, mewn ambell le, yn ddigon i llydan i wthio wilber ar ei hyd, mae arno heol syth a thrên yn mynd yr holl ffordd i Hel.

* Fel ôl-nodyn, mae amryw o draethau hyfryd ar hyd arfordir gwlad Pwyl. Does dim rhaid i chi fynd cweit mor bell â Hel i ganfod tywod. Ar ben arall yr arfordir, ar y ffin â'r Almaen mae **Międzyzdroje**, 'Perl y Baltig', yn ôl y sôn. Y fantais dros dde Ewrop yw bod y rhan yma'n dal i fod yn eitha rhad.

Maes awyr agosaf: Gdańsk. O Fryste gyda Ryanair yn syth heb newid. O Lerpwl gyda Wizz Air yn syth heb newid. Mae posib hedfan o Gaerdydd i Gdańsk yn gymharol rad gyda KLM a newid yn Amsterdam, ond mae e'n hir.

Trên: Sori, ond mae hon yn daith i uffern, gyda llawer o newidiadau yng nghanol nos. O St Pancras am 06.47 y bore am Dde Brwsel. newid yma am Brwsel Nord. Dal yr ICE i gyfeiriad Frankfurt am 10.34. Cyrraedd Cologne Central am

75. Hel

12.15, a dal trên i gyfeiriad Berlin Ostbahnhof am 12.48. Disgyn o'r trên yn Berlin Spandau am 17.04. Dal y Metro S Bahn (S5 i Strausberg Nord). Gadael Strausberg ar y trên am 18.55 i gyfeiriad Kostrzyn. Cyrraedd Kostrzyn am 19.44. Ymlaen i Szczecin Główny am 20.02. Gadael Szczecin Główny am 22.21 i gyfeiriad Warszawa (Warsaw) Disgyn o'r trên yn Poznań am 01.43. Wedi awr o saib, ymlaen o Poznań am 02.41 i gyfeiriad Gdynia Główna, gan gyrraedd am 06.44. Ry'ch chi nawr wedi bod yn teithio am ddiwrnod cyfan, a d'ych chi ddim wedi cyrraedd Hel. Gadael Gdynia Główna am 07.11 a chyrraedd Hel, o'r diwedd, am 08.40. Pob lwc!

Gyrru: Rhowch e fel hyn, mae e'n gynt na'r trên – 16 awr o Calais. O Calais ar yr E40 heibio Dunkirk i gyfeiriad Ghent, newid i'r E17 i Antwerp, E34 i gyfeiriad Eindhoven, A67 ymlaen i Venlo. 40 i Duisburg. Troi i'r gogledd ar 3 am 5km, cyn troi ar y 42 i gyfeiriad Gelsenkirchen, ac ymlaen ar honno nes i'r 42 ymuno â'r 45 ger Oestrich. Troi i'r gogledd, ac yna, ymhen ychydig o gilomedrau, troi i'r dde ar y 2. Aros ar yr heol yma yr holl ffordd i Hanover ac ymlaen eto ar yr un heol heibio i Brunswick a Magdeburg. O Schopsdorf,

dilyn yr arywddion i Potsdam a Berlin. Bydd yn rhaid i chi ffeindio'ch ffordd i ochr ogleddol Berlin er mwyn bwrw mlaen i Szczecin ar y ffin â gwlad Pwyl.

76. Chwarel Halen Wieliczka, Krakow

Yn ôl hen chwedl yn y dwyrain Comiwnyddol, petaech chi'n cynhyrfu'r dyfroedd gwleidyddol yn ormodol, y gosb eithaf fyddai dedfryd o oes yn y pyllau halen, a oedd yn waeth na charchar. Nawr, gallwch dalu am yr un pleser – ond, drwy drugaredd, am ychydig oriau yn unig. Mae'r pwll hwn, gan mai chwarel danddaearol yw hi mewn gwirionedd, ryw

76

bymtheg cilomedr y tu allan i Krakow, ond yn hawdd i'w gyrraedd ar drafnidiaeth gyhoeddus. Fel arall, mae digonedd o deithiau pwrpasol sy'n codi teithwyr o ganol Krakow, ond bydd y rheiny'n ddrutach, wrth reswm.

Mae'r twneli a'r lefelau yn ymestyn i tua 300km, a'r lefel ddyfnaf yn fil o droedfeddi o'r wyneb. Drwy drugaredd, fydd dim rhaid i chi gerdded mor bell â hynny, nac i'r dyfnder hwnnw chwaith, ond mae digonedd i'w weld – nid ogof foel sydd yma ond ystafelloedd, eglwysi cain, cysegrfannau a cherfluniau, i gyd wedi eu naddu o'r graig, sef halen! Mae hyd yn oed canolfan driniaethau

76

danddaearol y gallwch aros ynddi dros nos er mwyn profi rhinweddau adfywiol halen. Pwy wyddai fod halen yn gymaint mwy na rhywbeth i'w daenu ar jips? Mae digonedd o deithiau drwy gyfrwng y Saesneg bob dydd yn yr haf, ond llai yn y gaeaf.

Maes awyr agosaf: Krakow. Easyjet o Lerpwl yn syth i Krakow, ac Easyjet yn syth o Fryste.

Trên: O St Pancras, Llundain, yn weddol gynnar yn y bore i Frwsel ar yr Eurostar. Newid ym Mrwsel a dal y trên i Cologne (naill ai Thalys neu ICE), ac o Cologne i Berlin. Aros dros nos yn Berlin. Ymlaen fore trannoeth i Warsaw, ar drenau safonol, a bwyd rhad safonol, a newid yn Warsaw am Kraków.

Gyrru: Calais, Dunkirk, Antwerp, Eindhoven, Essen, Dortmund, Kessel, Leipzig, Dresden, Bautzen, Legnica, Wrocław, Katowice, Kraków. Bron i bymtheg awr.

77. Eglwys gadeiriol Wawel, Kraków

Os bu unrhyw ddigwyddiad o bwys yn ymwneud â theulu brenhinol Gwlad Pwyl, yn yr eglwys hon y digwyddodd e.

Priodasau, arwisgiadau, angladdau … *you name it*, fe ddigwyddodd yma. Ac o'r herwydd mae'r tu mewn yn gorlifo â chreiriau, cysegrleoedd, *sarcophagi* ac ati.

Adeiladwyd yr eglwys gyntaf ar y safle hwn yn y ddeuddegfed ganrif, ond fe losgodd i'r llawr lai na chanrif yn ddiweddarach. Codwyd yr eglwys welwch chi heddiw yn y bedwaredd ganrif ar ddeg, i gynnwys Crypt St Leonard, yr unig ddarn gwreiddiol a oroesodd. Yn yr eglwys hon y cynhaliodd Karol Wojtyla ei wasanaeth cyntaf fel offeiriad ddiwrnod ar ôl cael ei ordeinio yn 1946. Daeth yr offeiriad ifanc hwnnw yn Bab wrth gwrs, sef John Paul II. Mae e erbyn hyn yn Sant John Paul, ac mae creirfa ac ynddo ddafnau o'i waed yn yr eglwys.

Yn ogystal â brenhinoedd, yma hefyd y claddwyd mawrion y genedl. Yn eu mysg mae Tadeusz Kościuszko – y Pwylwr enwocaf erioed, yn ôl rhai – a fentra i nad oes llawer yng Nghymru'n gwybod amdano, ond mae e'n cael ei ystyried yn arwr mewn sawl gwlad. Roedd nid yn unig yn gadfridog galluog, yn bensaer milwrol ac yn wladgarwr, ond roedd hefyd yn artist ac yn ymgyrchydd diflino dros hawliau dynol i'r tlotaf o ddinasyddion y wlad. Cododd fyddin yn erbyn Rwsia yng Ngwlad Pwyl a chafodd ei garcharu, am gyfnod. Yn America, lle ymladdodd ar

77

ochr America yn Rhyfel Annibynniaeth y wlad honno, cafodd ei anrhydeddu gan Thomas Jefferson, a dyna pam fod pontydd wedi eu henwi ar ei ôl yn Efrog Newydd ac Albany. Mae ei gartref yn Philadelphia yn amgueddfa er cof amdano, felly hefyd ei gartref olaf yn y Swistir lle'i claddwyd yn gyntaf, cyn i'w gorff gael ei godi a'i ail-gladdu yn Kraków (er bod ei berfedd yn dal i fod yn y Swistir a'i galon mewn bocs yn yr Eglwys Frenhinol yn y castell rownd y gornel). Fel bydde'r Sais yn dweud, '*He was a man of many parts*'.

Un o nodweddion mwyaf trawiadol a rhyfedd Kraków yw'r twmpath a godwyd yn enw Kościuszko gan ddefnyddio pridd o'r holl feysydd yr ymladdodd e arnyn nhw. Mae llwybr tro sy'n eich arwain yn raddol i'r top. Er gwybodaeth, mae dros ddeugain o bethau, o longau ac awyrennau i strydoedd a pharciau, wedi eu henwi ar ei ôl ledled y byd. Ry'ch chi'n siŵr o fod yn teimlo cywilydd nawr eich bod chi erioed wedi clywed amdano, yn dy'ch chi? Er mawr cywilydd i mi, doeddwn innau ddim chwaith.

Manylion teithio: gweler rhif 76.

78. Gyrru ar hyd heol Transfăgărășan

Mae mynyddoedd y Carpathia yn gwahanu taleithiau Wallachia yn y de a Transylfania yn y gogledd. Mae i Transylfania hanes hir a lliwgar diolch i arwr lleol o'r enw Vlad Țepeș (neu *Vlad the Impaler*), y templad ar gyfer cymeriad Dracula yr awdur Bram Stoker. Yn ôl y sôn, picellodd Vlad 80,000 o'i elynion. Dim ond pedwar deg naw oed oedd e'n marw. Roedd e'n bicellwr diwyd, mae'n rhaid. Mae posib ymweld â chastell hyfryd Vlad a chrwydro drwy rai o fforestydd hynaf Ewrop, sy'n gartref i eirth a bleiddiaid a lyncs ... rhesymau digon parchus i ymweld â'r rhan yma o Rwmania. Ond yr hyn y dylid ei gyflawni cyn Brexit yw gyrru ar hyd **Ffwlbri Ceaușescu**, sef y (DN)7C. Mae'r heol gwbl ddiangen hon yn 90km o hyd ac yn ymdroelli i fyny dros fynyddoedd i uchder o bron i saith mil o droedfeddi, ac i lawr yr ochr arall. Fe'i hadeiladwyd yn y saithdegau, oherwydd fod Ceaușescu yn ofni ymosodiad gan fyddin Rwsia yng ngogledd y wlad. Y rheswm swyddogol oedd y byddai'r heol yn galluogi'r fyddin i gyrraedd y ffin ynghynt. Ond nonsens oedd hynny, gan fod heol lawer gwell a chynt yn bodoli eisoes. Prin y gwelodd unrhyw gerbyd, ac eithrio rhai lleol, tan yn lled ddiweddar pan ddefnyddiodd y rhaglen *Top Gear* yr heol fel lleoliad i un o'i sialensau plentynnaidd. Dyw'r heol ddim yn agor tan ddiwedd Mehefin ac mae hi'n cau am y gaeaf ar y cyntaf o Dachwedd. Mae'r heol, fel y gallwch ddychmygu, yn brysur yn ystod cyfnod yr haf, felly byddwch yn barod am yr oedi a chofiwch bacio fflasg. Byddai'n fendithiol hefyd i gysylltu â gweinyddiaeth ffyrdd y wlad cyn i chi fentro, er mwyn sicrhau nad oes gwaith cynnal a chadw ar yr heol yn ystod y diwrnod ry'ch chi'n bwriadu teithio arni. Mae ganddyn nhw wefan.

Os y'ch chi am brofiad llawn mor gobsmaclyd ond heb destosteron y rhaglen deledu, trowch i'r chwith oddi ar y (DN)7C yn Curtea de Argeș i'r (DN)73C dros fryn a dôl i Râmnicu Vâlcea, lle mae'r heol yn ymuno â'r (DN)7/E81. Ymlaen i

Brezoi (teithio o'r de i'r gogledd) a throi yn Brezoi am Obârşia Lotrului, y (DN)7A. Mae'r heol droellog hon yn 80km o hyd ac yn mynd â chi heibio i rai o lethrau sgio gorau Transylfania. Mewn tywydd braf, mae'n daith o awr a hanner o Brezoi. Yn y gaeaf, peidiwch â thrafferthu. Yn Obârşia Lotrului mae'r (DN)7A yn cyfarfod â'r (DN)67C, sef y **Transalpina**, heol uchaf Rwmania. Am brofiad gwefreiddiol arall trowch naill ai i'r dde am **Sebeş** neu i'r chwith i **Novaci**, ond 'wy ddim yn siŵr faint o ryfeddu y mae'n bosib i ddyn ei wneud mewn un diwrnod. Cofiwch lenwi'r tanc yn y bore, achos ry'ch chi'n siŵr o gael eich hudo ar hyd un arall o heolydd mynyddig Rwmania ... mae cymaint ohonyn nhw.

✈ *Maes awyr agosaf: Bucharest. Ryanair yn syth o Fryste a Stansted. Wizz Air o Gatwick a Luton. British Airways o Heathrow. Air France o Fanceinion a newid yn Charles de Gaulle, Paris, yn weddol rhad ac yn weddol gyflym. O'r Maes awyr ar heol 1, i'r 101 i Buftea, y 602 i Joiţa. Wedyn yr 147, i'r chwith ar yr 149 cyn cyrraedd yr A1/E81 yr holl ffordd i Bascov.*

78. Rwmania

79. Borja

Tref gymharol ddi-nod yw Borja erbyn heddiw, ond bu'n dref bwysig ar un adeg. O'r ardal yma y daw teulu'r Borgias, sy'n enwog fel un o deuluoedd mwyaf dylanwadol cyfnod y Dadeni yn yr Eidal. Mae enw'r teulu yn addasiad o enw'r dref (rwy'n siŵr nad oedd angen gradd arnoch chi i ddirnad hynny eich hun). Bu cryn dipyn o fynd a dod dros y canrifoedd: y Rhufeiniaid, y Mwslemiaid ac, yn dipyn hwyrach, y Cristnogion, ac fel mewn cannoedd o bentrefi bach eraill, mae talpiau o hanes o wahanol gyfnodau i'w gweld yn yr ardal.

Erbyn hyn does dim llawer i gadw'r prin pum mil o drigolion sy'n byw yno. Rwy'n dweud ei fod yn ddi-nod, ond mae e mor bert ag unrhyw bentref arall ym mherfeddion cefn gwlad Sbaen, ac o leia does dim byngalos, *pebble-dash* a ffenestri plastig yno. Yr hyn sy'n ei wneud yn ddeniadol, yn ôl safonau'r gyfrol hon, yw'r ffresgo yn **Eglwys El Santuario de la Misericordia** yn Borja. Yn fwyaf arbennig, ymdrechion carbwl yr atgyweiriwr lluniau amatur Cecilia Giménez i ddod â ffresni newydd i ffresgo o dridegau'r ganrif ddiwethaf, a throi'r Iesu yn y llun 'Ecce Homo' yn fwnci. Nid ymdrech Ddarwinaidd oedd hon, gyda llaw, i ysgogi sgwrs ddyfnach am wreiddyn y greadigaeth. Fe fydde hynny wedi bod yn llawer mwy diddorol. Na, dim ond ymdrech ddychrynllyd o wael – ond cwbwl onest – fe ymddengys. Ymledodd y sôn am ei gwaith ar draws y byd, ac er iddi gael ei chroesoelio'n lleol (fel petai) am ddwyn gwawd a dirmyg ar y dref, y canlyniad yw bod degau o filoedd yn dod i'r ardal nawr, lle nad oedden nhw cynt. Mae hi erbyn hyn yn arwres leol. Mae hi ar gael am selffi, am bris. Mae'n gwerthu *tat* o bob math a llun ei gwaith arnynt, ac mae opera wedi'i chyfansoddi i ddathlu'r stori. Rhyfedd o fyd.

 Maes awyr agosaf: Zaragoza. Ryanair yn syth o Stansted.

 Trên: St Pancras, Llundain, i Paris Gare du Nord, RER Metro i Paris Gare

82. Donostia

de Lyon. Trên i Barcelona Sants. Newid am Zaragoza-Delicias (11 awr a 41 munud). Bws o Zaragoza i Borja (awr a phum munud arall).

Gyrru: O Calais, ymlaen ar yr A16. Ymuno â'r A28/E402. Drwy Rouen, mae'r heol yn newid i'r N338/A13, cyn troi'n ôl ar yr A28/E402 wedi gadael Rouen. Ymuno â'r A11 o gwmpas Le Mans cyn bod yr heol yn dychwelyd i'r A28 unwaith eto. (Er, mae'r rhif Ewropeaidd yn newid i E502 ar ôl Le Mans. Ffrancwyr!) Arhoswch ar yr A28/E502 nes i chi gyrraedd cyrion Tours, pan fydd yr heol yn ymuno â'r A10/E5. Lawr heibio i Poitiers cyn belled â Lormont i'r gogledd o Bordeaux. Troi ar yr N230, sy'n arwain yn naturiol i'r A630, ac eto i'r A63/E70/E5, lawr heibio Bayonne nes cyrraedd y ffin â Sbaen. Ymuno â'r N-121-A i'r de, a mynd mor bell â Pamplona pan mae e'n newid i'r PA-30, a throi ar yr AP-15 i'r de o'r ddinas. Ar gyrion Tudela trowch oddi ar yr AP-15 i'r A-68 i gyfeiriad Zaragoza, a throi yn Mallén ar y CP-02, a throi eto yn Fréscano am Borja. Tua 12 awr a hanner o Calais. Fe allwch chi yrru llai drwy ddal y fferi i Cherbourg neu St Malo, ond mae gyrru tipyn yn gynt.

80. Gwinllan a Gwesty Marqués de Riscal, Elciego

Mae Elciego i'r de o Bilbao. Os ewch chi i'r de ar yr AP68 a throi wedyn i'r N-622, fe ddowch i dref hyfryd **Vitoria-Gasteiz**, lle mae grisiau symudol awyr agored i fynd â'r ymwelydd diog i ben yr hen dref, (er, mae'n rhaid i chi gerdded i lawr). Mantais ymweld â'r dref (ar wahân i'r grisiau symudol, wrth reswm) yw eich bod chi yn y man iawn i fynd ar yr heol fynydd i gyfeiriad Elciego, sef y BU750. Dyw hi ddim yn edrych yn arbennig o addawol ar y cychwyn wrth godi o Vitoria-Gasteiz, ond unwaith i chi groesi pen y mynydd,

80

mae'r olygfa'n rhyfeddol, yr holl ffordd i Affrica ... neu felly mae'n teimlo. Mae sawl man lle gallwch chi barcio i dynnu lluniau.

Ymlaen i Elciego. Os allwch chi, triwch gyrraedd wedi iddi dywyllu. Mae gweld Gwesty'r Marquis de Riscal am y tro cyntaf ac yntau wedi'i oleuo, yn gwneud tipyn o argraff. Yng ngolau ddydd, mae'r gwesty sydd wrth wraidd pencadlys gwinllan Marquis de Riscal, fel blwch a'i gynnwys wedi ffrwydro allan drwy'r top mewn rhubannau alwminiwm aur, arian a phinc, a'r stafelloedd gwely wedi'u cuddio o fewn plygiadau'r rhubannau hynny. Gwaith y pensaer Americanaidd Frank Gehry yw'r gwesty, ac fel **Guggenheim** yn Bilbao (enghraifft arall o'i waith) mae metal sgleiniog yn cael lle amlwg. Mae'n ddrud i aros yma, ac mae'n ddrud i fwyta yma hefyd, ond fe allwch ryfeddu am ddim.

Mae'n anodd peidio â chwerthin mewn gwir lawenydd pan welwch chi'r adeilad am y tro cyntaf. Tra byddwch chi yno, mae'r daith o gwmpas y ganolfan win yn hynod o ddiddorol, a phrynwch botel er mwyn cofio'r ymweliad. Er bod y gwesty a'r winllan yn dominyddu'r pentref, mae'n ardal hyfryd i grwydro ynddi, ac

mae'n bosib prynu Rioja safonol wrth y dwsin, ar ochr yr heol, am bris rhesymol iawn.

✈ *Maes awyr agosaf: Bilbao. O Fryste a Manceinion gydag Easyjet yn syth heb newid. Mae'r maes awyr bymtheg cilomedr i'r gogledd o'r dref, yn agos i'r drafffordd sy'n rhedeg ar hyd arfordir gogledd Sbaen. Bws i ganol tref Bilbao. Bws ymlaen wedyn, neu logi car i yrru i Vitoria-Gasteiz ac o fanno dros y mynydd yn ôl y cyfarwyddiadau isod.*

🚗 *Gyrru: Mae'r fferi yn cyrraedd harbwr Bilbao (15km i'r gogledd o'r dref) o Portsmouth. Taith ar y cwch dros nos, dau berson a char, ar gyfartaledd tua £700 gyda Brittany Ferries. Mae'n rhatach yn y gaeaf. Dilynwch gyfarwyddiadau o'r porthladd i ganol y dref. Ewch o Bilbao ar yr AP68, cyn ymuno â'r N-622 i Vitoria-Gasteiz. (Gallwch chi fynd yr holl ffordd i Elciego bron ar yr AP68 – mor bell â Cenicero a throi i'r chwith am 5km ola'r daith. Mae e'n gynt, ond mae'r heol drwy Vitoria-Gasteiz yn bertach). Yn Vitoria-Gasteiz mae'n reit hawdd colli'ch ffordd. Beth sydd angen i chi wneud yw cylchu'r dref, rownd i'r dde, ac unwaith ry'ch chi'n cyrraedd hanner cylch, troi i'r dde ar yr A-2124/BU750 drwy Gardelegi ac Urizaharra. Syth ymlaen ar draws croesffordd yr N-232a i'r A-3212 i Leza, Navaridas ac Elciego.*

81. Semana Santa
(yr Wythnos Sanctaidd), Seville

Mae dathliadau gŵyl y Pasg yn Sbaen yn rhyfeddol, a phob tref a phentref yn dathlu mewn rhyw ffordd neu'i gilydd. Mae Semana Santa Seville gyda'r mwyaf, â miloedd ar filoedd yn cymryd rhan a chymaint mwy yn gwylio. Mae Gŵyl Semana Santa yn wythnos o hyd, ond yr uchafbwynt yw'r nos Iau a bore Gwener y Groglith. Dyma pryd mae holl drigolion pentrefi'r ardal yn dechrau ar eu taith o'u heglwysi, yn cario *Paso* yr eglwys leol i'r ddinas. Y *Paso* yw'r cerflun addurniedig

81

sydd fel arfer yn aros yn yr eglwys drwy'r flwyddyn – gall fod yn gerflun o'r Iesu ar y ffordd i'w groeshoelio neu'r Forwyn Fair yn wylo, ac yn y blaen, ond mae e'n gallu pwyso mwy na thunnell. Ar gyfer y daith fe fydd wedi'i addurno â defnydd a blodau, ac yn ystod yr oriau o dywyllwch caiff ei oleuo â chanhwyllau (gan fod y gorymdeithio'n mynd ymlaen drwy'r nos). Bydd gan bob eglwys ei *costoleros* (cludwyr) sy'n cario'r *Paso* ar eu hysgwyddau, allan o'r golwg o dan bais y tablo, ac yn derbyn cyfarwyddiadau gan arweinydd. Byddant yn cludo'r *Paso* yr holl ffordd o'u heglwysi i mewn i'r Eglwys Gadeiriol yng nghanol Seville – i mewn drwy un drws ac allan drwy ddrws arall – a dychwelyd i'r pentref. I drigolion y pentrefi sydd bellaf o'r Eglwys Gadeiriol, gall gymryd hyd at bymtheg awr.

Yn ogystal â *Paso*, bydd gosgordd o *penetentes* o'r eglwys (pechaduriaid yn gofyn am faddeuant) ac, yn fwy diddorol, *capirotes* – eto'n gofyn am faddeuant ond yn gwisgo hetiau tal, pigfain a thyllau ynddynt i'r llygaid. Mae gan bob brawdoliaeth ei gwisg liwgar ei hun, ac mae cryn dipyn o gerddoriaeth swnllyd, ond eto bydd rhai gorymdeithiau yn rhai tawel. Fyddwch chi ddim wedi profi unrhyw beth tebyg o'r blaen. Mae hi'n olygfa Feiblaidd yn ei maint a'i chynnwys. Ceisiwch ddod o hyd i fan uchel i wylio'r cyfan.

![plane icon] Maes awyr agosaf: Seville. Gallwch hedfan o Gaerdydd, Manceinion a Birmingham, ond mae'n rhaid newid, sy'n ei gwneud yn daith hir a drud. Mae Ryanair yn hedfan yn syth heb newid o Stansted, felly hefyd BA o Gatwick.

![train icon] Trên: O St Pancras, Llundain, am 09.24 i Paris Gare du Nord. Newid gosaf yn Paris i'r Gare de Lyon am y trên i Barcelona sy'n gadael am 14.07 ac yn cyrraedd am 20.34. Gwesty dros nos yn Barcelona. Trên ymlaen o Barcelona Sants i Seville fore trannoeth am 08.30. Cyrraedd Seville am 14.02. (Mae trenau hwyrach i Seville, os y'ch chi am fwy o amser yn Barcelona.)

![car icon] Gyrru: I arbed amser, daliwch y cwch o Plymouth i Santander yng ngogledd Sbaen. O Santander ar yr A67/N611 drwy Torrelavega, Reinosa, a chario mlaen ar yr A67/E80 i'r A62 i gyfeiriad Valladolid, o gwmpas Tordisilas i Salamanca, yna troi ar i'r A66/E803 i Plasencia a Cáceres, a Mérida (sydd â theatr Rufeinig fendigedig) ac ymlaen i Seville. Diwrnod (dros nos) ar y cwch, (dyw e ddim yn rhad), a saith awr a hanner o yrru. Mae posib cyrraedd tir mawr Ewrop yn gynt a rhatach (Cherbourg, er enghraifft) ond mae e dipyn yn bellach i yrru wedyn.

82. Traeth a Pinxcos Donostia/San Sebastián

Mae traeth Donostia yn fwa perffaith o dywod melyn mân. Bae cysgodol saff, a'r dref ei hun ar un pen a'r **Bahía de la Concha** ar y pen arall. Mae'n cymryd tua tri chwarter awr i gerdded o un pen i'r llall. Dyna'n union mae llawer o bobol yn

ei wneud, gan anwybyddu'r môr hyfryd, sy'n anfaddeuol. Wn i ddim os ydyn ni yng Nghymru wedi ffoli ar y môr, neu falle mai dim ond fi sydd wedi gwneud hynny, ond dylai fod yn anghyfreithlon i ymweld â thraeth mor berffaith heb roi bawd eich troed yn y dŵr.

Am wythnos ym mis Awst, mae'r dref yn cynnal gŵyl tân gwyllt. Bob nos, mae gwlad wahanol yn creu sioe, a'r traeth yw'r lle gorau i weld y cyfan. Os y'ch chi'n hoff o dân gwyllt welwch chi ddim byd gwell yn unman. Yn dilyn y sioe, ewch am dro ar hyd strydoedd cul yr hen dref ar drywydd pinxcos (sef tebyg i'r *tapas* Sbaenaidd). Donostia yw prifddinas bwyd pinxcos. Ar unrhyw un o'r heolydd yn yr hen ran – Calle Mayor, 31 de Agosto Kalea, San Jeronimo Kalea, ac yn y blaen – mae 'na ddigonedd o lefydd safonol i fwyta. Y gamp yw peidio â bwyta gormod yn y lle cyntaf, sy'n llawer mwy o ymdrech nag y'ch chi'n meddwl. Triwch ddysgu cymaint o iaith y Basg ag y gallwch chi cyn mynd. (*Basque-English Dictionary and Phrasebook* gan J. F. Conroy; Amazon, £10.00) sy'n iawn ar gyfer y gwyliau, os nad y'ch chi am wneud astudiaeth fanwl o'r iaith. Neu Omniglot ar y we.

Maes awyr agosaf: Donostia/San Sebastián. BA ac Iberia (sy bron yn un cwmni erbyn hyn) yn hedfan o Heathrow, ond drwy Madrid (hir a chymharol gostus). I Bilbao: Easyjet o Fryste yn syth i Bilbao. Dyle fod bws wennol o'r maes awyr i Donostia/San Sebastián; os na, bws o'r maes awyr i Bilbao. Tacsi i'r Estacion de Autobuses de Bilbao. Bws i Donostia/San Sebastián. Tua dwy awr. I Biaritz: Easyjet o Gatwick a Ryanair o

82

Stansted yn syth heb newid. Bws wennol yn mynd o'r maes awyr i ganol Donostia/San Sebastián mewn ychydig dros awr.

Trên: O St Pancras am 09.24, yn Paris Gare du Nord erbyn 12.47. Metro ar draws Paris i Gare Montparnasse. Yn gadael am Hendaye am 14.28, ac yn cyrraedd Hendaye am 20.28. Tu allan i'r orsaf yn Hendaye fe welwch chi Metro Donostialdea. Mae pob trên o fanno yn mynd i Donostia/Sebastián. Prynwch docyn yn y swyddfa. Mae trên yn mynd bob hanner awr ac yn cymryd llai na deugain munud i gyrraedd gorsaf Donostia/Sebastián Amara, er mai ond arwydd Amara sydd ar y platfform. Mae'r gwasanaeth yn stopio am 23.00.

Gyrru: Fferi o Portsmouth i Bilbao, neu Plymouth i Santander. A-8, AP-8, ar GI-20 o Santander i Donostia/San Sebastián. Dim ond yr AP-8 a'r GI-20 os y'ch chi'n glanio yn Bilbao. Car a dau berson: tua £700. Yn rhatach yn y gaeaf.

83. Amgueddfa Guggenheim (Gehry), Bilbao

Cyn i'r oriel ryfeddol hon gael ei chodi ar lan yr afon yn Bilbao, prin y bydde unrhyw un wedi ystyried Bilbao yn ddinas o unrhyw nod. Dinas fwyaf Gwlad y Basg a phorthladd mwyaf gogledd Sbaen. Petaech chi wedi pasio drwyddi ddeng mlynedd ar hugain yn ôl, byddech chi wedi troi ar eich sawdl a mynd yn ôl ar y bws. Tref ddiwydiannol oedd Bilbao, canolfan fusnes fyrlymus, ond erbyn wythdegau'r ganrif ddiwethaf roedd ynddi erwau o dir gwast ar ôl i'r diwydiannau hynny ddod i ben. Roedd hyd yn oed y trigolion lleol yn galw'r dref yn 'dwll'. Mae'n siŵr fod hynny'n fwy amlwg gan fod y dref wedi'i hamgylchynu gan wyrddni. Penderfyniad chwyldroadol, felly, oedd comisiynu pensaer fel yr Americanwr Frank Gehry i gynllunio oriel mor sgleiniog ac unigryw â hon, yng nghanol y llymder. Adeilad mor

83

ddychrynllyd o wahanol fyddai'n denu pobol o bob cwr o'r byd i sefyll a rhyfeddu ato.

Diolch i'r Museo Guggenheim fe adfywiodd y dref, ac erbyn hyn mae gwedd gwbwl wahanol iddi, a nifer o adeiladau eraill trawiadol wedi'u codi ar y sylfaen a osodwyd gan y Guggenheim. Mae sylw'r byd wedi deffro'r gymuned i ddathlu ei chyfoeth bensaernïol, ac amryw o adeiladau Art Nouveau yr ugeinfed ganrif hefyd, erbyn hyn, yn cael eu parchu. Wedi dweud hyn, mae'r hen dref yn dal i fod yma ac mae'n werth gwneud ymdrech i'w chanfod. Ardal **Casco Viejo**, er enghraifft, i'r de o'r Guggenheim ar ochr arall yr afon, ble mae hanner dwsin neu fwy o hen strydoedd yn deillio o'r bedwaredd ganrif ar ddeg. Ardal o siopau unigryw, bariau prysur a thai bwyta o safon.

Maes awyr agosaf: Bilbao (cynlluniwyd y maes awyr gan y pensaer Calatrava, ac mae'n un arall o adeiladau trawiadol Bilbao, ac yn ddechrau perffaith i'ch taith). O Fryste a Manceinion gyda Easyjet yn syth heb newid. Mae'r maes awyr 15km i'r gogledd o'r dref, yn agos i'r draffordd sy'n rhedeg ar hyd arfordir gogledd Sbaen. Yn gyfleus ar gyfer unrhyw un o drefi mawrion yr ardal.

Trên: Y ffordd gyflymaf i gyrraedd Bilbao ar y trên yw dilyn y cyfarwyddiadau trên i Donostia (rhif 82), newid yn Hendaye ar y ffin â Ffrainc, dal y Metro i Amara (Donostia) a cherdded deng munud i lawr yr afon ar hyd Gernikako Arbola Pasealekua cyn croesi'r afon i'r orsaf fysiau ar Frederico Garcia Lorca, a dal bws i Bilbao. Bydd yn rhaid prynu ticed bws o flaen llaw yn yr orsaf.

Gyrru: Mae'r fferi yn cyrraedd yr harbwr (15km i'r gogledd o'r dref) o Portsmouth.

84. Cala Mastella, Ibiza

Mae Cala Mastella, yng ngogledd-ddwyrain ynys Ibiza, ar yr un ochr o'r ynys â'r brifddinas. Mae e'n draeth syml, diarffordd, cysgodol – ond mae iddo un gyfrinach fawr, sef tŷ bwyta **El Bigotes**. Gyrrwch i fyny'r arfordir heibio Cala Llena i gyfeiriad y pentref, a pharcio ar y traeth. Yna, dilynwch y llwybr bychan i ochr chwith y bae, drwy'r coed, ac fe ddowch chi at fwyty El Bigotes. Mae'r bwyd yn fendigedig er mai dim ond café di-nod yw e, wedi'i wneud o goncrit a tho sinc, ond bydd gweddill y cleientél yn bobol â waledau sylweddol. Doedd gyda nhw ddim ffôn tan yn ddiweddar iawn, ac os oeddech chi am fwcio bwrdd roedd yn rhaid mynd yno o leia wythnos o flaen llaw er mwyn sicrhau lle. Roedd sôn bod brenin Sbaen wedi hwylio'i gwch i'r bae ar awgrym rhywun arall yn y gobaith o gael bwrdd. Fe'i gwrthodwyd gan nad oedd e wedi bwcio o flaen llaw. Pwy mae e'n meddwl yw e? Ta beth – haleliwia! – mae gyda nhw rif ffôn erbyn hyn. Anfantais hynny, mae'n siŵr, yw bod y rhestr aros yn hirach. Dyw e ddim yn ddychrynllyd o ddrud, ac ry'ch chi'n bwyta beth bynnag maen nhw'n ei ddal. Y rhif pwysig: +34 650 79 76 33.

Maes awyr agosaf: Ibiza. Bydd digon o hediadau o bobman yn yr haf. Yn y gaeaf, prin yw'r teithiau uniongyrchol, ond gellir hedfan yn syth o faes awyr Dinas Llundain, a dyna hefyd yw'r pris rhataf. O Gaerdydd a Bryste gyda KLM, gan newid yn Amsterdam, mae e'n bump awr a hanner, ond mae e'n ddrud. Eto, o ystyried bod yn rhaid i chi gyrraedd Llundain ar y trên er mwyn hedfan o faes awyr y ddinas, does dim llawer o

wahaniaeth yn y gost na'r amser. Yn y gaeaf does dim teithiau o Lerpwl na Manceinion i Ibiza, mae'n debyg.

85. Bar Abaco, Calle Sant Juan 1, Palma, Majorca

Tra byddwch chi yn Palma, yr un peth mae'n rhaid i chi ei wneud (wel, ar wahân i ymweld â'r **Eglwys Gadeiriol** syfrdanol, nofio yn y môr, bwyta pysgod yn **Ca'n Manolo** ac yn y blaen) yw ymweld â Bar Abaco. Cewch brofiad arallfydol. Y cliw mwyaf yn yr enw yw mai bar yw e, a bar sy'n gwerthu coctels. Mae'r drws i mewn yn ddigon di-nod, ond mae camu drwyddo fel camu i fyd arall. Mae'r cwrt mewnol yn gyforiog o flodau a ffrwythau, yn ormodol felly, ac mae'r coctels hyfryd yn cael eu gweini mewn gwydrau mawr. Mae e'n ddrud, ac mae'n bosib y bydd y gwasanaeth yn swta, ond manion yw'r rhain. Yr awyrgylch sy'n bwysig, ac fel profiad ar y ffordd i rywle arall, mae e heb ei ail. Wedi talu un Ewro ar bymtheg am un coctel, falle na fydd 'na ail beth bynnag, ond mwynhewch yr awyrgylch a'r gerddoriaeth cyn symud ymlaen.

O'r môr, cerddwch ar draws Avinguda de Gabriel Roca a Passeig de Sagrera, o flaen yr hen dref. A'r môr y tu cefn i chi, cerddwch yn eich blaen drwy sgwâr Plaça de Llotja, ac i fyny Carrer Sant Ioan. Os gyrhaeddwch chi Carrer dels Apuntadors, byddwch wedi mynd yn rhy bell. Mae e tua tri chan medr o'r môr.

Maes awyr agosaf: Palma. Bydd llawer mwy o deithiau o bobman yn yr haf, ond yn y gaeaf, Easyjet yn syth o Fryste, a llawer rhatach o Gatwick a Luton. Ryanair a Jet2 yn syth o Stansted.

86. Eglwys Gadeiriol Palma, Majorca

Mae Eglwys Gadeiriol Palma de Mallorca, neu *La Seu* fel mae'n cael ei hadnabod yn lleol, wedi'i chodi ar safle mosg Mwslemaidd. Mae sawl stori am sut y codwyd yr eglwys yn wreiddiol, ond yr un amlycaf yw hon: roedd Brenin James I allan ar y môr gyda'i lynges pan gododd storm ddychrynllyd. Petai'n llwyddo i gyrraedd y lan yn saff, meddai, fe godai eglwys gadeiriol fyddai'n edrych allan dros y môr. Dyna a wnaethpwyd. Dechreuwyd ar y gwaith yn 1229 ... a'i orffen bron i bedair canrif yn ddiweddarach yn 1601.

Mae rhai yn dweud y bydd beth bynnag

welwch chi oddi mewn yn siom ar ôl i chi weld adeiladwaith cain y tu allan. Peidiwch â gwrando ar y ffyliaid. Oes, mae harddwch yn perthyn i'w hadeiladwaith ac mae ei lleoliad mor agos i'r môr yn drawiadol, yn enwedig o edrych arni o'r môr, ond mae'r eglwys yn edrych fel petai wedi colli ei thŵr – ac i mi, o leia, mae hi wedi ei gor-fwtresu. Strwythur i gynnal wal wan yw bwtres i fod. Gall fod yn nodwedd addurniadol, ond mae digon ohonynt fan hyn i ddal y Môr Coch yn ei ôl. Efallai mai dyma unig syniad creadigol y pensaer ... neu mae e'n adeilad wedi'i godi ar dywod mân. Na, i mi, gogoniant yr eglwys hon yw'r tu mewn. Mae canfod man llugoer, tawel ymhell o'r gwres tanbaid a dwndwr yr holl fynd a dod, yn brofiad ysbrydol ynddo'i hun. Mae'n eich gorfodi i ymdawelu. Oherwydd nad oes

tŵr, caiff dyn yr argraff nad yw e'n adeilad uchel iawn, ond mae corff yr eglwys gyda'r uchaf o eglwysi gothig Ewrop (diolch i'r fforest o fwtresi tu allan, mwy na thebyg), a does dim llawer o ffenestri lliw yn fwy, nag yn fwy trawiadol, na'r un ym mhen dwyreiniol yr eglwys. Gwnewch ymdrech i ymweld â'r eglwys yn y bore er mwyn gweld y ffenest yn ei holl ogoniant, er bod ganddoch chi ddewis o drigain o ffenestri lliw eraill yn ogystal. Ychwanegwyd y goron ddrain o bren a chardbord, a'r canopi uwch ben yr allor, gan Gaudi (pensaer y Sagrada Familia yn Barcelona) yn yr ugeinfed ganrif, ac yn fwy diweddar newidiwyd un cornel o'r pen dwyreiniol i greu Eglwys y Sacrament gan yr artist Miquel Barcelo, sydd yn sicr ddim at ddant pawb.

Manylion teithio: gweler rhif 85.

86

87. Sgwâr Weceslas, Prague

Mae Prague yn ddinas fendigedig gyda llawer i'w gynnig, o'i hanes a'i phensaernïaeth i'r amgueddfeydd a'r gerddoriaeth sydd i'w chlywed bron ym mhob man. Os gallwch chi osgoi'r criwiau sydd ar benwythnosau stag, does unlle gwell i fod. Rwy'n cofio, yn fy arddegau, ac arlwy'r teledu gymaint yn fwy cyfyng nag yw e heddiw, roedd gwylio'r newyddion yn bwysig. Fe welson ni ryfel Fietnam yn ei gyfanrwydd. Bob nos, wynebau cyfarwydd Prydeinig yn datgelu i ni y datblygiadau diweddaraf. Cwmnïau teledu yn meddwi ar erchyllterau'r rhyfel a'u gallu i'w dangos yn ddyddiol. Mae'n amheus gen i fydden nhw'n cael caniatâd i ddarlledu'r fath olygfeydd y dyddie hyn.

Digwyddiad arall a wnaeth argraff fawr arna i ar y pryd, yn fachgen tair ar ddeg mlwydd oed, oedd hunanladdiad Jan Palach yn Sgwâr Wenceslas, Prague, fis Ionawr 1969. Bum mis ynghynt fe ddanfonodd Brezhnev, arweinydd Rwsia, y tanciau dros y ffin er mwyn cadarnhau grym Comiwnyddiaeth dros y wlad.

Ymateb llawdrwm oedd hyn i ymgais Siecoslofacia i lacio rhyw ychydig ar hualau'r bloc dwyreiniol, a bu protestio chwyrn yn erbyn ymyrraeth a phresenoldeb milwyr Rwsia. Erbyn y mis Ionawr canlynol, a'r diflastod wedi cyrraedd lefel genedlaethol, penderfynodd Jan Palach mai'r unig fodd o brotestio yn erbyn yr anghyfiawnder oedd drwy gymryd ei fywyd ei hun, mewn gweithred oedd yr un mor erchyll â'r hyn a welwyd yn Fietnam. Penderfynodd losgi i farwolaeth, yn y sgwâr. Mynychodd 75,000 o bobol ei angladd. Mae cofeb iddo yn Sgwâr Wenceslas, ac i Jan Zajic, un arall a losgodd i farwolaeth fis yn ddiweddarach. Wnaeth mawredd eu haberth ddim i newid y gyfundrefn ar y pryd, ond ry'n ni'n dal i gofio, a nawr bod y Weriniaeth Siec yn rhan o'r Gymuned Ewropeaidd, y gobaith yw na fydd neb yn mentro gyda'u tanciau dros y ffin eto.

Mae yn y sgwâr hefyd **gofeb i Wenceslas I** (Vaclav yr un-llygeidiog). Nid yr un a genir amdano yn y garol, hwnnw fentrodd allan ar Ŵyl San Steffan, ond arweinydd Bohemia a lwyddodd i

wrthsefyll ymosodiadau byddin y Mongoliaid o'r Dwyrain Pell yn y drydedd ganrif ar ddeg.

✈ *Maes Awyr agosaf: Prague. O Gaerdydd ar KLM. O Fryste a Manceinion ar Easyjet.*

🚆 *Trên: Unrhyw drên o St Pancras i Gare du Nord, Paris, sy'n cyrraedd cyn pedwar o'r gloch y prynhawn, er mwyn dal y trên 16.23 i Zurich o Gare de Lyon. Yn Zurich, dal y Sleeper Euronight i Prague am 21.40 sy'n cyrraedd gosaf Hlavní Prague am 10.57 fore trannoeth. Bydd eisiau bwcio bync ar y trên.*

🚗 *Gyrru: Un awr ar ddeg o Calais. Dunkirk, Brwsel, Aachen, Cologne, Frankfurt, Würtzburg Nuremberg, Pilsen, Prague.*

88. Amgueddfa geir Škoda, Mladá Boleslav

Does dim llawer o wneuthurwyr ceir all hawlio hanes di-dor o gynhyrchu dros gan mlynedd. Mae Škoda yn un ohonyn nhw. A does yr un stori yn fwy gobeithiol nag un y cwmni yma. Fe'i sefydlwyd gan ddau ŵr o Mladá Boleslav (lle mae pencadlys y cwmni hyd heddiw), sef Václav Laurin a Václav Klement. Cwmni beiciau oedden nhw'n wreiddiol, ac anfodlonrwydd Laurin ag ymddygiad trahaus gwneuthurwyr ei feic (drwy wrthod ei drwsio) a arweiniodd at ei benderfyniad i ddechrau cynhyrchu beiciau ei hun. Erbyn dechrau'r ugeinfed ganrif roedd y cwmni wedi creu'r beic modur cyntaf un, ac fe'u gwerthwyd nhw'n rhyngwladol. Cyn yr Ail Ryfel Byd, ehangodd y cwmni i gynhyrchu rhai o'r ceir mwyaf steilish yn Ewrop.

Bu'r rhyfel yn drychinebus i'r cwmni. Dan orfodaeth yr Almaen fe drodd y cwmni i fwydo'r anghenion milwrol. Wedi'r rhyfel, o dan lywodraethau Comiwnyddol, doedd ffawd y cwmni fawr gwell, gan iddo ddiodde o ddiffyg buddsoddiad enbyd. Doedd lefel soffistigeiddrwydd ceir yr wythdegau fawr gwell nag yr oedd ugain mlynedd ynghynt, ac er gwaetha'r ffaith fod peiriannau'r ceir yn ddigon abl, os nad yn ddisglair, roedd y cysylltiad 'dwyreiniol-Gomiwnyddol' yn gwneud y ceir yn destun sbort yn y Gorllewin. Daeth y buddsoddiad angenrheidiol wedi cwymp Comiwnyddiaeth, ac mae Škoda nawr yn rhan o deulu Volkswagen – yn wir, yn fwy dibynadwy nag amryw o'r partneriaid eraill. Pwy sy'n chwerthin nawr?

Yn yr amgueddfa gallwch ddilyn hanes y cwmni o gar i gar, o genhedlaeth i genhedlaeth a rhyfeddu at pa mor raenus oedd y modelau cynnar, cyn mentro ar draws yr heol i weld y modelau newydd sbon danlli yn cael eu cynhyrchu. (Rhaid trefnu'r rhan hon o'r daith ar wahân. Mae teithiau drwy gyfrwng y Saesneg.) Mae Mladá Boleslav lai nag awr i'r gogledd-ddwyrain o Prague. Gallwch fynd ar drafnidiaeth gyhoeddus – mae'r bws yn stopio gyferbyn â'r amgueddfa, ac mae'r bwyty a'r caffi oddi mewn yn safonol, ac mor rhad fel bod y trigolion lleol yn dod yno i fwyta.

Manylion teithio: gweler rhif 87. Yna, trên neu fws o ganol Prague i Mladá Boleslav.

89. Český Krumlov

Mae Český Krumlov i'r de-ddwyrain o Prague heb fod ymhell o'r ffin ag Awstria, ar lan afon Vltava. Fe gyfansoddodd Smetana (un o gyfansoddwyr enwocaf y wlad) ddarn o waith disgrifiadol yn olrhain llif yr afon hon ar draws y wlad. Wn i ddim yw Český Krumlov yn 'ymddangos' yn y darn, ond fe ddyle hi.

Tref brydferth ganoloesol ei naws yw hon, wedi'i chorlannu gan blygiadau afon Vltava; ac yn tra-arglwyddiaethu dros y dref mae **castell Český Krumlov**, sy'n gyfuniad o hanner dwsin o wahanol arddulliau a chyfnodau. Yn y dref hefyd mae'r **Egon Schiele Art Centrum** – oriel wedi'i chreu yn arbennig i arddangos gwaith yr artist Schiele, ond mae gwaith ambell artist arall yma yn ogystal. Yr unig gysylltiad oedd ganddo â'r dref oedd bod ei fam yn hanu o'r ardal, a'r ffaith iddo symud yma i fyw gyda'i gariad ifanc – ond chafodd e fawr o barch yn y dref, sy ddim yn sioc o ystyried y cyfnod a natur ei luniau. A phan ddechreuodd ddenu rhai o ferched ifanc y dref i fodelu'n noeth, roedd yn rhaid iddo fynd. Gyda threigl y blynyddoedd, mae'n amlwg fod ei waith, o leia, wedi cael croeso'n ôl. Bydd e'n dipyn o sioc i'r rheiny nad ydynt yn gyfarwydd â'i luniau, ond rwy'n hoff iawn ohonyn nhw; ac os y'ch chi o'r un anian, chewch chi ddim gwell casgliad.

Manylion teithio: gweler rhif 87. Trên neu fws o ganol Prague.

90. Bratislafa

Gan mai Prydain yw'r wlad rataf yn Ewrop erbyn hyn, mae pob ceiniog yn werth sofren pan fyddwch chi'n teithio dramor, ac yn Bratislafa fe gewch chi werth eich arian. Hon yw'r ddinas hawddaf yn Ewrop i fod yn sgint ynddi. Nid yn unig mae'r cwrw'n rhatach na dŵr, mae'r gwestai hefyd yn rhad, a'r bwyd yn hynod o resymol. Gallwch weld llawer o'r hyn sydd i'w weld am ddim, ac nid am yr eglwysi'n unig rwy'n sôn. Y farn gyffredinol – er bod **castell Bratislafa** yn dominyddu'r dref – yw bod ei edmygu o'r gerddi tu allan am ddim, yn well bargen na thalu i weld y tu mewn.

Mae afon Donaw (Donau/Danube) yn llifo drwy'r dref, a 'sdim yn well na lolian ar ei glan yn edrych ar y cychod yn mynd heibio. Ychydig funudau ar droed o ganol y dref mae fforestydd trwchus lle gallwch chi gerdded neu feicio – yn wir, fel y byddech chi'n disgwyl mewn dinas mor groesawgar, mae cylchdaith o lwybrau pwrpasol wedi'i chynllunio ar eich cyfer, sy'n mynd â chi o gwmpas dwsinau o uchafbwyntiau'r ardal. Mae'r dref wedi ei hamgylchynu, bron, â gwinllannoedd sy'n ymestyn hyd at draed mynyddoedd Carpathia. Drws agored i ddarganfod ymhellach. Gyda'r hwyr, bydd rhai ohonoch yn awyddus i swatio yn y gwely gyda Horlicks a chopi o *Traed Mewn Cyffion*. I'r gweddill ohonoch chi, ewch i grwydro'r clybiau, ac mae yma gannoedd. Ond yr un na allwch chi adael cyn ymweld ag e yw **Subclub**, mewn hen fyncar tanddaearol. 'Sneb yn disgwyl i chi serennu a 'thorri siapie' ar y llawr i gerddoriaeth trance, techno, dub-step neu jungle. Mae'n grêt cael gwylio'r gyflafan â hanner o shandi cyn symud ymlaen i rywle mwy *jazzy*, falle. Tu draw i'r hen dref mae clwb **Hlava 22**, lle mae pobol yn gallu clywed ei gilydd yn siarad dros botel o win a cherddoriaeth jazz. Heb os, dinas i'r ifanc a'r sionc yw Bratislafa, ond serch hynny, mae yma ddigon i bawb o bob oedran ei fwynhau.

Maes awyr agosaf: Bratislafa. Yn syth o Fanceinion ar Ryanair.

90. Bratislafa

91. Dyffryn Soca

Ry'n ni yng Nghymru yn enwog am fentrau awyr agored – gyda'r gorau yn y byd – ond prin bod unrhyw le gartref lle gellir gwneud cymaint ohonyn nhw mewn un dyffryn. Mae dyffryn Soca yng nghornel ddwyreiniol Slofenia, ac mae'r mynyddoedd Alpaidd eu maint sy'n codi'n serth o'r dyffryn yn gefnlen i bob gweithgaredd. Yn ganolog i'r holl fwrlwm mae'r afon sydd, oherwydd y garreg leol, yn llifo'n las saffir drwy geunentydd cul i raeadrau lle gellir nofio. Rafftio a chanwio yw'r prif weithgareddau ar yr afon, ond ar y naill ochr a'r llall mae llwybrau cerdded, beicio mynydd, llwybrau marchogaeth a gwifrau *zip* drwy goedwigoedd trwchus. Digon o adrenalin i chwythu'ch pen chi bant! Os y'ch chi am ychydig o dawelwch er mwyn dod â churiad y galon lawr i lefel sy'n lled-agos i normal, ewch tua **Ogofâu Škocjan**, un o'r systemau ogofaol mwyaf yn y byd, sydd rhyw 50km i lawr yr heol tua'r arfordir.

Tref **Bovec** yw'r lle i ddechrau. Gellir trefnu'r holl weithgareddau yma, yn unigol neu fel pecyn, ac mae digon o asiantau profiadol yn yr ardal i drefnu'r cyfan ar eich rhan.

92. Ljubljana

Ljubljana yw prifddinas Slovenia. Mae tua'r un maint â Chaerdydd ac, yn debyg i'n prifddinas ni, mae'n ddinas gerddadwy, a digonedd o wyrddni ynddi. Yn ganolbwynt i'r ddinas mae afon Lubljanica sy'n nadreddu drwyddi, ac fel ym mhob dinas waraidd arall, mae digonedd o gyfleoedd i gael coffi neu fwyta ar ei glannau. O fewn deng munud ar droed o'r afon mae **Gerddi Tivoli** ar barc-dir estynedig sydd ryw 3km o hyd. Mae ribidirês o wyliau gwahanol i'ch temtio i'r ddinas: theatr, cerddoriaeth o bob math, gwyliau celf gain a graffeg, ac yn lled-ddiweddar, gŵyl fwyd. Mae amryw wedi sôn am y **Gegin Agored** yn y prif sgwâr: bwyty awyr agored sy'n gweini bwyd lleol sy'n cael ei baratoi o dan eich trwyn bob dydd Gwener o ganol Mawrth tan ddiwedd Hydref.

Ond peidiwch ag aros yn y brifddinas

yn unig. Byddai'n bechod anfaddeuol peidio â mentro allan i gefn gwlad, ac i drefi megis **Bled** a **Piran**. Mae'n wlad sy'n llawn rhyfeddodau, ac mae Ljubljana yn fan cychwyn arbennig iawn. Mae digon o deithiau twristaidd gymharol rad o'r brifddinas, ond er mwyn gweld gymaint ag sy'n bosib, llogwch gar.

 Maes awyr agosaf: Ljubljana. Wizz Air o Luton yn syth i Ljubljana.

93. Amgueddfa Skansen, Stokholm

Skansen yw'r amgueddfa awyr agored hynaf yn y byd. Fe agorodd am y tro cyntaf yn 1891, yn gofnod o fywyd traddodiadol Sweden, mewn cyfnod o newid cymdeithasol. Roedd ofnau y byddai'r hen ffordd o fyw yn cael ei sgubo o'r neilltu, ac roedd angen ei warchod. Llwyddodd y sylfaenydd, Artur Hazelius, i gasglu 150 o wahanol fathau o dai ac adeiladau eraill o bob cornel o'r wlad, a'u hail-godi ar ynys Djurgården, ger Stokholm. Dyma oedd templad Iorwerth Peate ar gyfer Amgueddfa Werin Cymru yn Sain Ffagan ger Caerdydd. Roedd Peate hefyd yn ymwybodol o'r angen i warchod ein hetifeddiaeth.

O fewn ffiniau Skansen heddiw mae sw lle gellir gweld anifeiliaid cynhenid Sweden (hefyd wedi'u casglu o bob cornel o'r wlad), o eirth a bleiddiaid i geirw a chwningod. Mae hi ar agor drwy'r flwyddyn. A thra byddwch chi'n gwisgo'ch het hanesyddol, gwnewch yn siŵr eich bod yn ymweld ag **Amgueddfa'r *Vasa***. Y

Vasa yw *Mary Rose* Sweden, a suddodd yn harbwr Stockholm yn 1628. Mae hi wedi'i chodi a'i hatgyweirio, ac yn edrych fel newydd.

(Mae rhywbeth tebyg i Skansen yn Helsinki yn y Ffindir, ar ynys Seurasaari, nid nepell o'r brifddinas, gyda thai pren wedi'u cludo yno o weddill y Ffindir. Ond dim ond dros yr haf mae'r amgueddfa awyr agored honno ar agor. Mae'r ynys hefyd yn gartref i draeth i noethlymunwyr. Yn anffodus, mae ardaloedd ar wahân i ddynion a merched, a rhaid gwisgo siwtiau nofio ar ddyddiau Mercher a Sul.)

Manylion teithio: gweler rhif 94.

94. Aifur Krog and bar, Gamla Stan, Stockholm

Bydd angen bwyd arnoch chi cyn mentro mlaen i'r rhyfeddod nesaf, a does unlle gwell i atgyfnerthu na thŷ bwyta ac iddo thema Llychlynnaidd. Mae hyd yn oed y staff wedi'u gwisgo fel Llychlynwyr o'r oes a fu, ond yn ffodus dyw'r tueddiadau llai

deniadol ry'n ni'n eu cysylltu â nhw ddim yn bresennol yma. Heidiwch yma am ryseitiau 'Feicing-aidd' traddodiadol o bysgod a chig.

Os ydych am flasu selsig cartref, a phorc yn arbennig, ewch i'r **Hairy Pig Restaurant**, eto yn ardal Gamla Stan. Neu ceisiwch ffindio rhywle sy'n gwerthu *torsk med bönor och bacon* (penfras, ffa a bacwn) – mae e'n fendigedig. Gair o rybydd: bydd beth bynnag brynwch chi yn ddrud.

Maes awyr agosaf: Stockholm Arlanda. Gallwch hedfan o Fryste ar Ryanair ond mae'n rhaid newid yn Gdansk, sy'n gwneud y daith yn hir, ac mae Ryanair yn hedfan i Stockholm Skavsta, sydd tua awr a hanner o ganol Stockholm. Mae'n bosib hedfan yn syth ac yn rhad o Fanceinion ar SAS a Norwegian i Stockholm Arlanda (y maes awyr agosaf i Stockholm).

Trên: O adael St Pancras yn Llundain cyn unarddeg mae'n bosib cyrraedd Brwsel mewn pryd i ddal trên ymlaen i Cologne, a chyrraedd Hamburg erbyn chwarter wedi naw y nos. Aros dros nos yn Hamburg (mae digonedd o westai yn ardal gorsaf Hamburg Hauptbahnhof). Drannoeth, dal trên hanner awr wedi naw y bore i Copenhagen – yn ystod y daith i Copenhagen bydd y trên yn mynd ar y fferi rhwng Puttgarten yn yr Almaen a Rødby yn Denmarc, profiad sy'n mynd yn brin iawn. Bydd yn rhaid i chi adael eich sedd ar y trên a mynd i fyny i'r cwch am hyd y fordaith (gallwch adael eich bagiau ar y trên). Ar ôl taith o bron i awr ar y dŵr, cewch fynd ôl i'ch sedd yn y trên a pharhau â'r daith, gan gyrraedd Copenhagen erbyn pum munud ar hugain wedi dau y prynhawn. Mae'r daith o Copenhagen i Stockholm yn cynnwys un uchafbwynt arall, sef croesi pont Øresund (gweler rhif 29). Mae'r trên yn gadael Copenhagen am 16.20 ac yn cyrraedd Stockholm am ugain munud i ddeg y nos.

95. Fabriksmuseum, Husqvarna

Mae'r enw Husqvarna wedi bod yn gysylltiedig â sawl teclyn dros y canrifoedd. Dechreuodd y cwmni fel gwneuthurwyr arfau, a gynnau yn arbennig, i'r frenhiniaeth tan ganol y ddeunawfed ganrif, ac er ei fod mewn dwylo preifat ar ôl hynny, roedd y cwmni'n parhau i gynhyrchu arfau i fyddinoedd gwledydd Llychlyn, bron tan ddechrau'r ugeinfed ganrif. Ers hynny, mae wedi arallgyfeirio i gynhyrchu peiriannau gwnïo, beiciau modur, peiriannau torri gwair, llifiau-cadwyn, a hyd yn oed peiriant awtomatig i wneud cŵn poeth. Dyma yw swm a sylwedd y Fabriksmuseum: hanes y cwmni ar ffilm a thrwy luniau, ond hefyd enghreifftiau o gynnyrch y cwmni ers y dechrau. Dau lawr mawr ohonyn nhw. Hynod o ddifyr. Felly hefyd tai y gweithwyr gyferbyn â'r amgueddfa.

Trên: Er mwyn cyrraedd Husqvarna ar y trên dilynwch gyfarwyddiadau Llundain i Stockholm (rhif 94), ond dewch oddi ar y trên yn Nassjo Central, hanner ffordd rhwng Copenhagen a Stockholm.

96. Arfordir Gorllewinol Sweden

Mae'r arfordir hwn, o Gothenberg i'r gogledd i gyfeiriad y ffin â Norwy, yn frith o ynysoedd bychain, a heolydd da yn eu cysylltu. Dyw'r ardal ddim yn boblog, ac felly ychydig iawn o drafnidiaeth sydd –

unwaith i chi adael yr E6, hynny yw. Mae llawer gormod o ynysoedd i chi allu ymweld â'r cyfan, oni bai eich bod chi'n aros am flwyddyn neu ddwy, ond gallwch deithio o un i'r llall yn ddigon hawdd ar y fferi. Mae'n lle da i ganwio, a nofio hefyd, gan ei bod hi'n gysgodol iawn. Bwytewch ddigon o lysiau a ffrwythau cyn mynd, achos yr unig beth ry'ch chi'n mynd i'w fwyta tra byddwch chi yno yw pysgod. O bob math, ond yn arbennig penwaig (*herring*), sy'n iawn os y'ch chi'n eu mwynhau nhw.

Maes awyr agosaf: Göteborg/ Gothenberg. Dim ond Norwegian Air sy'n hedfan yn syth yno o Gatwick yn y gaeaf. Ar ôl y gwanwyn, gallwch hedfan yn syth o Gatwick, Stansted, Heathrow ac o Fryste drwy Frwsel a Brussels Air. O Birmingham yn syth ar BMI Regional. O Fanceinion yn weddol rhad gyda Lufthansa, a newid yn Frankfurt neu Munich.

★ Pedair cornel Ewrop

I gloi'r cyfrol hon, a'r antur drwy Ewrop, dyma sialens fach i chi. Beth am ymweld â phedwar pegwn y Gymuned Ewropeaidd? Efallai nad rhain yw'r llefydd difyrraf yn y byd – ac efallai na fydd y teithiau yno yn rhai hawdd – ond o leia bydd ganddoch chi straeon difyr i'w hadrodd y tro nesa y byddwch chi'n ciniawa gyda'ch ffrindiau.

97. Y Gogledd: Nuorgam, y Ffindir

Nuorgam yw'r man mwyaf gogleddol yn yr Undeb Ewropeaidd. Y rheswm pam nad yw e ar lan y môr yw oherwydd bod Norwy yn ymestyn yn uwch na'r Ffindir i'r ffin â Rwsia, a dyw Norwy ddim yn rhan o'r Gymuned Ewropeaidd.

Dim ond dau gant o drigolion sy'n byw yno, yn ôl y cyfrifiad diwetha, a dyw e ddim yn glir beth yn union sy'n eu cadw nhw yno, ond mae gwesty yno, i bobol fel chi a fi sy'n awyddus i ddweud ein bod ni wedi ymweld ... cyn ymadael, yn reit sydyn. (Fel mae pobol sy'n mynd i John o'Groats, neu Land's End, yn ei wneud, er nad ydw i wedi bod i 'run o'r ddau le.)

Mae'r afon leol, sydd hefyd yn ffin â Norwy (ac felly'n ffin i'r Gymuned), yn enwog am bysgota eog. Beth maen nhw'n wneud pan fydd yr afon wedi rhewi, dyn a ŵyr. Torri twll yn y rhew, rwy'n tybio. Mae yma hefyd amryw o dai gwely a brecwast, ac un o'r arwyddbyst rheiny sy'n dangos i chi pa mor bell y'ch chi o bobman. Fe welwch chi'r **Aurora Borealis**, does dim amheuaeth, a bydd digon o gyfleoedd i gorlannu ceirw, sgio traws gwlad, sgidŵio a gyrru sled a chŵn. Gair o gyngor, cadwch yn glir o'r nofio noethlymun, a rhowlio'n borcyn yn yr eira.

✈ *Maes awyr agosaf: Ivalo, y Ffindir (tair awr mewn bws neu ddwy awr a hanner mewn car), Mehamn yn Norwy (tua tair a hanner mewn car). Gwnewch y daith mewn dau gam: Cam 1. Prydain i Helsinki O Fanceinion gellir dal sawl ehediad rhad ar SAS i Helsinki, ond bydd yn rhaid newid unwaith, naill ai yn Copenhagen, neu Arlanda yn Stockholm. (Mae'n ddrutach o dipyn i hedfan yn syth o Fanceinion i Helsinki, ar Norwegian). Mae hefyd yn rhad*

97. Aurora Borealis

o Lerpwl. Gallwch hedfan gyda Wizz Air/ Norwegian, a newid yn Budapest, sydd braidd yn bisâr, ond ddim hanner mor bisâr â hedfan o Gaerdydd ar Flybe/SAS – sydd ond ychydig yn ddrutach, ond ry'ch chi'n gweld y rhan fwyaf o ogledd Ewrop yn y fargen. Mae'n rhaid newid ddwy waith. Yn gyntaf yn Nulyn ac yn ail yn Arlanda yn Stokholm. Mae'n dal i fod yn llai o daith na honno o Fryste, ac yn rhyfeddol, yn rhatach. Mae'n bosib hedfan o Fryste i Helsinki gydag Easyjet/Norwegian, a newid yn Amsterdam, ond mae'n ddiwrnod hir. Y teithiau rhataf o bell ffordd yw rhai o Gatwick ar Norwegian yn syth i Helsinki … ond mae'n rhaid cyrraedd Gatwick o Gymru.

Cam 2: Helsinki i Ivalo

Hyd y gwela i, dim ond Finnair sy'n hedfan o Helsinki i Ivalo. Oherwydd amseroedd y daith honno mae'n byr debyg y bydd yn rhaid i chi dreulio noson yn Helsinki cyn teithio ymlaen. Ar gyrraedd Ivalo, bydd yn rhaid i chi ddal bws. Mae 'na un yn mynd, mae'n debyg. Falle y byddai'n gallach llogi car yn y maes awyr. Os y'ch chi'n mynd yn y gaeaf, bydd teiars pwrpasol i yrru yn yr eira ar y ceir llogi.

98. Y De: La Restinga, ynys El Hierro; Yr Ynysoedd Dedwydd, Sbaen

La Restinga yw'r dref fwyaf deheuol ar yr ynys fwyaf deheuol yn y Gymuned Ewropeaidd. El Hierro yw'r ynys honno. A dyw hi ddim fel petai'n perthyn i weddill yr Ynysoedd Dedwydd. Dyw hi ddim wedi cael ei datblygu yn yr un modd â Lanzarote, Tenerife ac ati. Yn wir, ychydig iawn o dwristiaid sy'n mentro mor bell ag El Hierro, sy'n gwneud yr ynys yn dipyn o gyfrinach, a dweud y gwir, a does dim syndod ei bod hi wedi'i chofnodi yn un o Safleoedd Treftadaeth y Byd gan Unesco.

Er ei naws hen ffasiwn anffasiynol, hon yw'r ynys hunangynhaliol gyntaf yn y byd. Mae'n cynhyrchu pob tamaid (a mwy) o'r trydan sydd ei angen ar y deuddeg mil o bobol sy'n byw yno. A fyddwch chi ddim yn crwydro'r strydoedd yn edrych am signal chwaith – mae 'na *wi-fi* rhad ac am ddim ar draws yr ynys. Os byddwch yn llogi car, mae'n fwy tebygol o fod yn gar trydan nac un petrol neu ddisel, ac mae pwyntiau gwefru ar hyd y wlad. Mae digonedd i'w wneud: ymweld â fforestydd jwniper trwchus, plymio i weld y cyfoeth o fywyd gwyllt sydd o dan y tonnau neu lolian ar y cei a gloddesta ar gaws a gwin lleol. Yn La Restinga, yn ne'r ynys, gallwch wneud pedwar o'r pum peth yna'n ddigon hawdd. Does dim llawer o draethau tywod. **Cala de Tacorón** yw'r gorau, falle, sy ddim yn bell o La Restinga. Peidiwch â dod o'r ynys heb fwyta yn y **Mirador de la Peña** ger Guarazoca yng ngogledd yr ynys. Triwch gael sedd wrth y ffenest. Os mai dyna eich atgof olaf o'r ynys, byddwch yn ôl yno ymhen pythefnos.

Maes awyr agosaf: Hierro Valverde. Mae'n daith dwy ran. O Gaerdydd ar Ryanair yn syth i Santa Cruz yn Tenerife, ac yn rhad. O Fryste, eto ar Ryanair, yn syth ac ychydig yn rhatach, ond wedi talu i groesi'r bont, ac am y petrol, byddwch ar eich colled. Ond o Lerpwl mae Ryanair yn rhatach fyth. Mae Norwegian, Thompson ac Easyjet yn hedfan o Gatwick yn syth i Santa Cruz de Tenerife. Wedi cyrraedd yr ynys, gallwch hedfan ymlaen i Hierro Valverde, maes awyr Ynys El Hierro, ar Canaryfly neu Binter Canarias, yn rhad fel baw – neu am yr opsiwn hir ond mwy rhamantus, teithio i'r de am awr i borthladd Los Cristianos i ddal y fferi sy'n croesi i Puerto de la Estaca, ar ynys El Hierro. Mae e'n chwe awr o daith ar y môr. Mae'r daith awyren yn ddeugain munud. Mae e'n awr arall mewn car i'r de ar yr heol o'r porthladd i La Restinga.

99. Gorllewin: Ynys Monchique, oddi ar Ynys Flores, yr Azores, Portiwgal

Oes, mae'n rhaid i chi fynd yn bell iawn i ddarganfod pegwn gorllewinol y Gymuned Ewropeaidd. Fel mater o ffaith, mae Ynys Monchique mor bell allan yn yr Iwerydd, mae'n dechnegol ar silff cyfandir Gogledd America. Mae'n bosib ymweld â'r ynys er nad oes teithiau rheolaidd o Flores (yr ynys agosaf), ond anodd yw dringo lan ei llethrau. Gan ei bod hi'n ynys folcanig, ychydig iawn sy'n tyfu arni, ond mae digon o fwyd yn y môr o gwmpas ei glannau, sy'n gwneud yr ynys yn gyrchfan i ddeifwyr sgwba. Twmpyn o garreg basalt felly, a'i glogwyni'n codi'n syth a serth o ddyfnderoedd y môr, rhyw filltir oddi ar arfordir Ynys Flores.

✈ *Maes awyr agosaf: Ynys Flores.*
Rhan 1: O Fanceinion yn syth gyda TAP i Lisbon, ond bydd yn rhaid aros dros nos yn Lisbon oherwydd y byddwch chi'n cyrraedd yn rhy hwyr i ddal yr awyren ymlaen o'r fan honno. (Fe allech chi gyfuno dau le o'r gyfrol hon, ac aros yn ninas hyfryd Lisbon dros nos, gweler rhif 71.) Ryanair yn syth o Stansted, sy'n rhad – ond eto, yn golygu aros dros nos yn Lisbon. Ond os ewch chi o Gatwick gyda chwmni TAP,

99

gallwch gyrraedd yr Azores cyn diwedd y dydd, sy'n golygu un ehediad yn llai y bore trannoeth (Terceira Lajes – Flores).
Rhan 2: Lisbon gyda TAP i Terceira Lajes (Azores), diwrnod yn Lajes, ac ymlaen gyda Sata Air Acores i Ynys Flores. Taith rad iawn, ond bydd digon o amser i werthfawrogi uchafbwyntiau tref Lajes ar ynys Terceira.

100. Y Dwyrain: Cape Greco, Ayia Napa, De Cyprus

Er bod Cyprus i gyd yn y Gymuned Ewropeaidd, mae rheolaeth y llywodraeth dros y gogledd wedi'i ohirio am gyfnod amhenodedig ers rhyfel 2003, ac felly dyw'r Gymuned ddim yn cydnabod y gogledd ers iddyn nhw fynd ar eu liwt eu hunain. Felly, yn hytrach na chyfeirio at y penrhyn hir ar ogledd-ddwyrain yr ynys fel pwynt mwyaf dwyreiniol Cyprus (ac o ganlyniad, pwynt mwyaf dwyreiniol y Gymuned Ewropeaidd) mae'n rhaid dewis y pwynt mwyaf dwyreiniol yn ne'r ynys, sef Cape Greco, nid nepell o dref wyliau Ayia Napa. Rwy'n falch 'mod i wedi gallu egluro'r sefyllfa honno i chi.

Mae penrhyn Cape Greco bron â bod yn ynys ynddo'i hun, gan mai dim ond bys tenau o dir sy'n ei gysylltu â chorff ynys Cyprus. Mae'r ardal yn barc cenedlaethol. I chwi gerddwyr brwd, mae llwybr E4, un o lwybrau hir y Gymuned, yn dechrau (neu'n gorffen, yn dibynnu i ba gyfeiriad ry'ch chi'n mynd) yn Cape Greco. Fel mater o ffaith, mae 253km ohono ar draws Cyprus, o un pen i'r llall … heb gyffwrdd â'r gogledd, wrth gwrs. Os nad yw hynny'n ddigon i chi, gallwch gerdded y llwybr E4 yn ei gyfanrwydd yr holl ffordd i ben draw Sbaen – 10,350km – drwy Creta, Groeg, Bwlgaria, Rwmania, Hwngari, Awstria, yr Almaen, y Swistir, a Ffrainc.

Pwff i chi a'ch Camino!

Maes awyr agosaf: Larnaca. Mae modd hedfan yn syth o Gaerdydd gyda Thomas Cook, sydd ychydig yn ddrud, ond dim ond yn yr haf, fe ymddengys. O Fryste, hefyd gyda Thomas Cook, dim ond yn yr haf. O Heathrow yn rhad gyda British Airways, yn syth i Larnaca, ac UIA Ukraine International. Mae pris British Airways o Heathrow yn rhad drwy'r flwyddyn, a derbyn eich bod chi'n bwcio o flaen llaw. Mae'n hanner can munud mewn car o Larnaca i Ayia Napa, lle gewch chi westy. Mae Cape Greco bum cilomedr i'r dwyrain o Ayia Napa.

Argraffiad cyntaf: 2017

ⓗ testun: Aled Sam/cyhoeddiad: Gwasg Carreg
Gwalch 2017

Rhif rhyngwladol: 978-1-84527-636-2

Mae'r cyhoeddwr yn cydnabod cefnogaeth ariannol Cyngor Llyfrau Cymru.

Cynllun clawr: Eleri Owen

Cyhoeddwyd gan Wasg Carreg Gwalch,
12 Iard yr Orsaf, Llanrwst, Cymru LL26 0EH
Ffôn: 01492 642031
e-bost: llyfrau@carreg-gwalch.cymru
lle ar y we: www.carreg-gwalch.cymru

Diolch ...

Dymunaf ddiolch i'r canlynol am eu cymorth a'u hawgrymiadau:
Kaarina Pollard, Lleuwen Steffan, Aneirin Karadog, Y Parch Simon Reynolds,Yr Hybarch Meurig Llwyd, Yr Athro Lloyd Llewellyn-Jones a Seiriol Tomos.

A.S.

Cydnabyddiaeth

Dymuna'r wasg ddiolch o galon i Gaynor Jones, Llandeilo am yr holl waith yn ymchwilio a chasglu lluniau i'r gyfrol hon o wahanol ffynonellau.

Daw'r mwyafrif ohonynt drwy awdurdodau ymwelwyr y gwahanol wledydd – diolch iddynt i gyd am eu parodrwydd i gefnogi'r fenter hon. Daw nifer hefyd drwy wasanaethau Commons Fflicr neu Wiki Commons.

Hoffem ddiolch yn arbennig hefyd i:

Yr Almaen
Amgueddfa Holocaust (Rechteinhaber), Wolfgang Scholvien (© Bwrdd Croeso yr Almaen), Berchtesgadener Land Tourismus GmbH, Visitberlin/Philip Koschel (visitBerlin.de), Calflier, RaimondSpekking, quesy, Han Wan, Berthold Werner

Awstria
www.bregenzerfestspiele.com, Andreas Strauss, BELG, Laura Marie, PiratskaStrana, Mark Ryckaert, AGC Glass

Bwlgaraia
Mark Ahsmann

Croasia
Museum of Broken Relationships
(www.Brokenships.com), Eleassar, Lukasz Bolikowski

Denmarc
Torben Meyer, Esbjerg Kommune, Visit Denmark (www.visitdenmark.com)